Grünberger/Grünberger

●

English for Accountants

English
for
Accountants

herausgegeben von

Dr. David Grünberger
Dr. Herbert Grünberger

Linde
international

Bibliografische Information Der Deutschen Bibliothek

Die Deutsche Bibliothek verzeichnet diese Publikation in der Deutschen Nationalbibliografie; detaillierte bibliografische Daten sind im Internet über http://dnb.ddb.de abrufbar.

ISBN 3-7143-0061-9

CD-Aufnahme und -Produktion: Soundborn Studios Vienna
Sprecher: Gerhard Brössner, Marjorie Fiebinger

1210 Wien, Scheydgasse 24, Tel.: +43/1/246 30
www.lindeverlag.at

Druck: Hans Jentzsch & Co. GmbH., 1210 Wien, Scheydgasse 31

Vorwort

Die Nachfrage nach qualifizierten Mitarbeitern im Rechnungswesen wird immer größer. Um den gesteigerten Qualitätsansprüchen gerecht zu werden, gibt es auf dem Buch- und Seminarmarkt eine Fülle von Angeboten. Da aber meistens die Wissensvermittlung im Vordergrund steht, wird oft auf die „Tools“ vergessen. Englischkenntnisse werden heute einfach vorausgesetzt. Das Problem beim Lernen ist, dass dem Native Speaker meistens die Fachkenntnisse fehlen und in einem Seminar oft wesentliche Begriffe des Rechnungswesens nicht vermittelt werden.

Sie meinen, Englisch sei in Ihrer Firma kein Thema? Was aber, wenn Ihr Unternehmen einen ausländischen Eigentümer erhält? Sie werden dann möglicherweise den nächsten Quartalsabschluss auf Englisch darstellen müssen. Auch die Internationale Rechnungslegung kommt ohne Fachenglisch nicht aus und mit der EU-Erweiterung wird Rechnungswesen-Englisch immer unentbehrlicher.

„English for Accountants“ bringt die 1.400 wichtigsten englischen Begriffe aus dem Rechnungswesen mit der entsprechenden Übersetzung und mit zahlreichen praxisrelevanten Erläuterungen. Der Inhalt ist praxiserprobt, der Umfang orientiert sich an der Häufigkeit des Vorkommens der Begriffe. Mit diesem Wörterbuch werden Sie 90 % eines Normaltextes übersetzen können. Wenn Sie systematisch lernen wollen, dann werden Sie aufgrund der Querverweise und Erläuterungen eine steile Lernkurve haben.

Praxis pur: Gleichsam als Formulierungsvorschläge finden Sie im 2. Teil themenorientierte Textbausteine aus internationalen Geschäftsberichten. Ein „Muss“ für Studenten, Steuerberater, Berufsanwärter, Rechnungswesenleiter und deren Mitarbeiter, selbständige Buchhalter, Bilanzierer und Geschäftsführer.

Wien, Linz, Oktober 2005

David Grünberger
Herbert Grünberger

To warm up the audience!

Live begins at 90

by Mark Ashenden, BBC Sports

Fauja Singh's Stats

Born: 1 April 1911 in India
Former occupation: Farmer
Running career: Rediscovered at age of 81
Diet: Ginger curry
Marathons: London (5), Toronto (1), New York (1)
Marathon debut: London, 2000 aged 89
London marathon pb: 6h 2m

It's just six years until the Queen's telegram lands on your mat congratulating you on your 100th birthday.

You're taking it easy, right? Slippers on, trips to the coast with a blanket on your lap and a short shuffle to the newsagent's for your Werther's Originals the closest you get to exercise.

Not if you're Fauja Singh – who can regularly be spotted flying down the streets of Essex in his spikes.

At 94, he's run seven marathons (five in London), countless half-marathons and was recently part of the world's oldest marathon team in Edinburgh.

Fauja's jogging skills were developed on an Indian farm in Punjab, and then at the magical age of 81, when he moved to the UK, his love for the sport became more 'serious'.

Next up? He set his sights on being a record breaker.

And Asafa Powell might have to watch his back. The Jamaican may have the new 100 m record, but Fauja's now grabbed a whole load of new ones.

London's Mile End Park Stadium played host to the great man attempting to set world bests for men over 90.

The event was all in aid of charity and promoting the London 2012 Olympic bid.

And Fauja came up with five new records in 94 incredible minutes.

So any secrets to fitness? Fauja's training regime includes a daily eight-mile walk and run, no smoking or drinking, plenty of smiling and lashings of ginger curry.

100 m WORLD RECORDS BY AGE

All: 9.77secs Asafa Powell
35-39: 10.03s Linford Christie
90-94: 18.08s Kozo Haraguchi
95-99: 22.04s Kozo Haraguchi

The pounding pensioner is already a superstar. **Last year Adidas signed up Fauja alongside David Beckham and Jonny Wilkinson as part of its 'Impossible is nothing' campaign**.

And next on the list?

More marathons – and coach Harminder Singh is trying to set up a show-down between Fauja and Japan's Kozo Haraguchi – the new 100 m world record holder for the 95–99 age group.

Expect some serious fireworks on the starting line.

So, having only run seriously for the last 13 years, when does Fauja think he'll trade in his spikes for a zimmer frame?

'When I die!' he laughs.

So at least another 50 years, then.

100m Lauf
Ein Vergleich: Für das deutsche Sportabzeichen müssen 14-Jährige schneller als 15,5 Sekunden laufen.

Englisch – Deutsch

abnormal spoilage

Unerwartet hoher Ausschuss, fehlerhafte, minderwertige Produkte. Das was über das normale Ausmaß hinaus geht, wird im Aufwand erfasst und nicht als Teil der Herstellkosten berücksichtigt.

absorption costing

Bewertung der Vorräte zu Vollkosten, d.h. mit fixen (*fixed*) und variablen (*variable*) Kosten

abstract of minutes

Sitzungsprotokoll

accelerated depreciation

Beschleunigte, vorzeitige Abschreibung, höhere Abschreibung in den ersten Jahren, auch: degressive Abschreibung z.B. *double declining digit depreciation*

acceptance

Eine schriftliche Zusage zu zahlen, Akzept

accompanying

Beiliegend, begleitend

account

Konto, mit der Unterscheidung in Bestandskonten (*real* oder *permanent accounts*) bzw. Erfolgskonten (*nominal* oder *temporary accounts*)

account allocation, assignment

Kontierung nach einem Kontenplan

account for

Rechnung legen, Bericht erstatten, erläutern

account form

Darstellung der Bilanz in der Form eines T-Kontos, im Gegensatz zur Staffelform (*report form*)

account sales

Bericht des Kommissionärs an den Kommittenten über erhaltene Ware bzw. verkaufte Ware

accountancy

Rechnungswesen, Buchhaltung, Buchführung, auch: *accounting* (US)

accounting

Buchführung, Buchhaltung, Rechnungswesen

accounting adjustments

Berichtigungen, entweder Fehlerberichtigungen oder Berichtigungen der Vorperioden, durch Änderungen in der Bewertung (*prior-period adjustments*)

accounting changes

Wechsel der Bilanzierungsmethoden, Bewertungsmethoden, z.B. von FIFO auf LIFO Vorrätebewertung

accounting classification

Kontenplan, auch: *charts of accounts*

accounting convenience

Bilanzierungshilfe

accounting cycle

Schritte von der Ersterfassung im Journal bis zur Erstellung des Jahresabschlusses

accounting entity

Verrechnungskreis, eigenständige Bilanzierung

accounting errors

Fehlerhafte Anwendung von Bewertungsvorschriften, Rechenfehler, z.B. bei der Inventurbewertung

accounting event

Jedes Ereignis, welches zu einer Buchung führt

accounting information system

Ein Rechnungswesen, das Daten sammelt, verarbeitet und als Jahresabschluss präsentiert

accounting mismatch

Bewertungsdivergenz, künstliche Verzerrung des Eigenkapitals aus der Bewertung von Vermögenswerten und Schulden nach unterschiedlichen Methoden

accounting policies

Bilanzierungs- und Bewertungsmethoden

accounting principles

Grundsätze der Bilanzierung, Grundlagen von GAAP (*generally accepted accounting principles*) bzw. IFRS

accounting reorganization

Aufwertung aller Anlagen, damit beispielsweise Verluste reduziert werden

Accounting Review

Regelmäßige Publikation der *American Accounting Association* zum Thema Rechnungswesen

accounting year

Rechnungsjahr im Gegensatz zum Kalenderjahr

accounts payable

Lieferschulden

accounts payable ledger

Lieferantenpersonenkonto

accounts receivable

Forderungen

accounts receivable ledger

Kundenpersonenkonto

accounts receivable turnover

Forderungsumschlag

accretion

Wertzuwachs, Wertsteigerung, insbesondere beim Waldbestand, Tierbestand

accrual

Abgrenzung, Berücksichtigung von Aufwand und Ertrag im entsprechenden Wirtschaftsjahr/Kalenderjahr, wobei noch kein Geldfluss stattgefunden hat, vgl. Antizipationen

accrual basis/cash basis accounting

Vermögensvergleich, Bilanzierung/Einnahmen- und Ausgabenrechnung

accrual for future expenses

Aufwandsrückstellung

accrual for vacation pay

Rückstellung für nicht konsumierten Urlaub

accrue, form a provision

Rückstellung bilden

accrued

Rückgestellt, abgegrenzt

accrued assets

Antizipative Aktiva (sonstige Forderungen), z.B. für ausstehende Erträge

accrued expenses

Abgegrenzter Aufwand, das ist ein Aufwand der entsprechenden Periode, der aber noch nicht bezahlt worden ist. Es handelt sich dabei um einen vorweggenommenen (Antizipation) Aufwand, der als sonstige Verbindlichkeit ausgewiesen wird.

accrued payable

Angewachsene, angefallene Verbindlichkeiten, z.B. Kreditzinsen bzw. Gehälter sind als Verbindlichkeit darzustellen, wenn die Auszahlung im darauf folgenden Geschäftsjahr erfolgt

accrued pension cost

Pensionsrückstellung

accrued revenues

Abgegrenzter Ertrag: Es handelt sich um einen Ertrag der Periode, mit einem Zahlungsvorgang in der nachfolgenden Periode. Es handelt sich um einen antizipierten Ertrag, der als sonstige Forderung ausgewiesen wird.

accumulated

Angesammelt

accumulated benefit obligation

Kumulierte Pensionsverpflichtung (Verpflichtung ausgehend vom gegenwärtigen Gehaltsniveau), im Gegensatz dazu *projected benefit obligation* (Gehaltsniveau im Zeitpunkt der Pensionierung)

accumulated deficit

Bisher angefallener Verlust bzw. Verlustvortrag

accumulated depreciation

Kumulierte Abschreibung

accumulated other comprehensive income

Rücklage für nicht realisierten Gewinn (Verlust) nach US GAAP, Aufwand oder Ertrag, der nicht in der Gewinn- und Verlustrechnung erfasst wurde, der das Eigenkapital insgesamt erhöht oder reduziert, „*comprehensive*“ für umfassend

accumulated rights

Rechte, die vorgetragen werden können, wenn sie nicht in der Periode, in der sie zugesprochen worden sind, genutzt werden

accumulating compensated absences

Ansammelbare Ansprüche auf vergütete Abwesenheit

accuracy

Rechnerische Richtigkeit

acid test (quick) ratio

Verhältnis von kurzfristigen Verbindlichkeiten zu Geld, kurzfristigen Wertpapieren und Forderungen

acquisition

Erwerb, Anschaffung, Kauf, auch: *acquisition cost* für Anschaffungskosten

act of God

Höhere Gewalt

activity method

Abschreibungshöhe abhängig von der Anzahl der produzierten Menge, im Gegensatz dazu, Abschreibung abhängig von der Nutzungsdauer (*use of life*)

actual return on plan assets

Ertrag aus der Veranlagung des Pensionsfonds (Mitarbeitervorsorgekasse, A)

actuarial

Versicherungsmathematisch

actuarial gains and losses

Versicherungsmathematische Gewinne und Verluste, durch geänderte Annahmen des Versicherungsmathematikers wie Zinssatz, Gehaltssteigerung, Lebenserwartung oder Fluktuation

actuarial present value

Versicherungsmathematischer Barwert

actuary

Versicherungsmathematiker

ad valorem

Steuererhebung oder Gebührenvorschreibung auf Basis von geschätzten Werten bestimmter Güter, z.B. Alkoholgehalt von Getränken, PS oder Hubraum von Kraftfahrzeugen

add back

Hinzurechnen

add up

Zusammenrechnen

additional liability

Ausweis einer Pensionsrückstellung für den Fall, dass die Pensionsverpflichtung das Fondsvermögen übersteigt

additional minimum liability

Nettopensionsverpflichtung in der Bilanz (US GAAP), Minimalansatz der Pensionsverpflichtung insbesondere dann, wenn eine Unterdeckung (*underfunded*) gegeben ist, das Fondsvermögen geringer ist als die Pensionsverpflichtung. Die Verpflichtung wird dann nicht mehr nach der *projected method*, sondern nach der *accumulated method* errechnet, also nicht Gehaltsniveau im Zeitpunkt der Pensionierung, sondern zum Bilanzstichtag.

additional paid in capital

Kapitalrücklage, vom Eigentümer geleistete Einzahlungen oder Nachschüsse, auch: Agio

additions

Anlagenzugänge

adequate disclosure

Angemessene Offenlegung, was bedeutet, dass wesentliche Informationen dem Bilanzleser gegeben werden müssen, auch: *fair presentation*

adjunct account

Unterkonto, als Gegensatz zum Gegenkonto (*contra account*)

adjust

Bereinigen, korrigieren, anpassen

adjusted bank balance of cash

Abstimmung am Bilanzstichtag von Bankkonto der Buchhaltung mit dem Bankauszug, insbesondere dann, wenn Geldausgänge vom Unternehmen zum Jahresende nicht mehr im Bankauszug erfasst worden sind

adjusted trial balance

Adaptierte Saldenbilanz: Die Adaptierung bezieht sich auf die Umbuchungen (*adjustments*).

adjusting entry

Umbuchung anlässlich der Bilanzierung

adjusting event after the balance sheet date

Berücksichtigungspflichtiges Ereignis nach dem Bilanzstichtag

adjustment (of provision)

Anpassung (von Rückstellungen)

administrative expenses

Verwaltungskosten

admission of partner

Aufnahme eines neuen Partners im Rahmen einer Personengesellschaft

advance

Vorschuss

advances to affiliates

Darlehen im Konzern, Darlehen an ein Tochterunternehmen

advances to suppliers

Anzahlungen an Lieferanten

adverse audit opinion

Negativer Bestätigungsvermerk

advertising expenses

Werbekosten

affiliated company

Konzernunternehmen, an dem eine Beteiligung im Ausmaß von über 50 % besteht (auch: *subsidiary*)

after closing

Saldenliste, Saldenbilanz am Jahresende, auch: *trial balance*

after tax

Nach Steuern

aggregated cost

Gesamtwert, Portfoliobewertung (Bewertung einer Kategorie von Wertpapieren)

aging of account receivable method

Gliederung der Forderungen nach Überfälligkeit, als Grundlage für die Wertberichtigung bzw. Abschreibung von Forderungen

aging schedule

Gliederung der Forderungen nach Überfälligkeit

alimony

Unterhaltszahlung, Alimente

all inclusive approach

Der Grundsatz, dass alle Aufwendungen und Erträge in der GuV zu erfassen sind. Die Ausnahme von diesem Grundsatz stellt das *comprehensive income* dar, wo Aufwendungen und Erträge nicht in der GuV erfasst werden, sondern direkt beim Eigenkapital.

allocation

Aufwandsverteilung auf mehrere Perioden, z.B. durch Abschreibung

allocation to reserves

Zuweisung zu Rücklagen

allocation, addition to (allowance)

Zuweisung (zur Wertberichtigung)

allowable

Steuerlich absetzbar

allowance

Freibetrag

allowance for doubtful accounts

Wertberichtigung zweifelhafter Forderungen

allowed alternative treatment

Zulässige Alternativmethode nach IFRS, im Gegensatz zum *benchmark treatment*, der empfohlenen Standardmethode

alternative minimum tax (US)

Mindestkörperschaftsteuer (Mindeststeuer)

amendment

Ergänzung, Verbesserung (*to take the fifth amendment*: wegen Selbstbezichtigung die Aussage verweigern)

amortization

Abschreibung durch Zeitablauf, insbesondere bei Rechten, im Gegensatz dazu Abschreibung für Abnutzung (*depreciation*), Wertminderung durch den Gebrauch

amortized cost

Verteilung der Kosten auf die Laufzeit, z.B. bei Agio und Disagio von Anleihen

amount

Betrag, Summe, auch: *amount outstanding* – ausstehender Betrag, offener Saldo

amount to

Betragen, sich belaufen auf

analytical procedure

Plausibilitätsprüfung durch den Wirtschaftsprüfer

anniversary bonus accrual

Rückstellung für Jubiläumsgelder

annual

Jahres …, jährlich

auch: *annual earnings* – Jahresgewinn

annual report – Jahresabschluss

annuity

Rückzahlungsrate, Jahresrate

annuity due

Eine Rückzahlungsrate, die jeweils zu Beginn der Periode fällig ist

appeal

Berufung, berufen

application of funds

Mittelverwendung, Herkunfts- und Verwendungsrechnung ausgehend von der Bewegungsbilanz, für Kapitalflussrechnung

appraisal

Schätzung

appreciation

Wertsteigerung verursacht durch Steigerung des Marktpreises für einen Vermögensgegenstand, im Gegensatz zum Wertzuwachs (*accretion*)

appropriated retained earnings

Gewinnrücklage, wörtlich: einbehaltene Gewinne, in diesem Fall gebunden, das heißt mit einer Zweckwidmung versehen (*appropriated* im Sinne von *restricted*)

arm's length principle

Fremdvergleich

arrears

Dividendenrückstände, betrifft Vorzugsaktien und zwar jene Vorzugsdividenden, die mangels Gewinn nicht ausgeschüttet werden konnten

articles of incorporation

Gesellschaftsvertrag, Satzung, Statuten bei juristischen Personen

articles of partnership

Gesellschaftsvertrag bei Personengesellschaften

assertions

Im Jahresabschluss aufgestellte Behauptungen

assess

Kostenschätzung, Wertschätzung von Vermögensgegenständen für Zwecke der Besteuerung

assessed value

Einheitswert

assessment

Veranlagung von Steuern

assessment year

Veranlagungsjahr

asset

Aktivseitiges Vermögen, Anlage- und Umlaufvermögen

asset gains and losses

Differenz zwischen den erwarteten und tatsächlichen Gewinnen und Verlusten des Fondsvermögens

asset liability method

Ermittlung der latenten Steuern aus unterschiedlichen Wertansätzen in der Bilanz, im Gegensatz dazu die GuV-bezogene Methode (*defferral method*) nach HGB

assignment of accounts receivable

Forderungsabtretung, Zession

associated company

Assoziiertes Unternehmen, Beteiligung bei einem Kapitalanteil zwischen 20 % und 50 %, im Gegensatz zum verbundenen Unternehmen, mit einer Beteiligung von mehr als 50 % (*subsidiary*)

association

Gesellschaft bürgerlichen Rechts, Verband, Verein, Zusammenschluss

assumption

Annahmen, wie z.B. die Weiterführung des Unternehmens (*going concern*)

assurance

Sicherheitsgrad bei der Beurteilung durch den Wirtschaftsprüfer

attachment

Pfändung eines Vermögensgegenstandes für den Fall, dass der Schuldner die Schulden nicht vereinbarungsgemäß bezahlt hat

attest

Bestätigen bzw. Gewährung eines Bestätigungsvermerkes (*opinion*)

attorney

Anwalt, auch: *solicitor* (GB), *lawyer*

attribute sampling

Überprüfung der internen Kontrolle anhand von Stichproben

audit

Wirtschaftsprüfung, im Gegensatz zum *review*, der Prüfung ohne Bestätigungsvermerk, zur *compilation*, Bilanzerstellung durch Wirtschaftsprüfer

audit committee

Wirtschaftsprüfungsausschuss im Rahmen des Aufsichtsrates

audit risk

Prüfungsrisiko des Wirtschaftsprüfers

audit sampling

Prüfung auf Stichprobenbasis

auditing

Prüfungswesen

auditing procedures

Prüfungshandlungen

auditing standards

Prüfungsstandards für den Wirtschaftsprüfer, vgl. dazu ISA International Standards of Auditing

auditor

Wirtschaftsprüfer

auditors report (opinion)

Bestätigungsvermerk des Wirtschaftsprüfers, Bericht des Wirtschaftsprüfers

authorized stock

Jenes Ausmaß von Aktien, das in der Satzung festgelegt ist. Genehmigtes Kapital, das ist jener Betrag, der noch als Aktien ausgegeben werden kann.

available for sale securities

Zum Verkauf verfügbare Wertpapiere, eine Qualifizierung für jene Wertpapiere (Beteiligungen), die nicht bis zur Endfälligkeit (*held to maturity*) gehalten werden und auch nicht als kurzfristige Veranlagung (*trading*).

average

Durchschnitt, Mittelwert

average cost method

Durchschnittskosten, die Vorräte werden z.B. entweder mit gleitenden Durchschnittskosten (*moving average*) oder mit gewogenen Durchschnittskosten (*weighted average*) bewertet.

average days to sell inventory

Lagerstandsdauer

average tax rate

Durchschnittssteuersatz

avoidable interest

Jener Zinsaufwand, der theoretisch nicht angefallen wäre, wenn es keine Herstellungskosten gegeben hätte. Dieser Zinsaufwand ist mit dem tatsächlichen Zinsaufwand (*actual interest cost*) zu vergleichen und nur der niedrigere von beiden Beträgen ist in die Herstellungskosten einzurechnen (GAAP).

back taxes

Steuerrückstände

backlog

Rückstand, Bestellung, die mangels Vorrätebestands nicht erfüllt werden konnte

bad debt

Uneinbringliche Forderung

bad debt expense

Aufwand für Forderungsverluste, Schadensfall

bad debt recovery

Eingang, Teileingang einer ursprünglich abgeschriebenen Forderung

balance (debit balance, credit balance)

Saldo (Sollsaldo, Habensaldo)

balance sheet

Bilanz

balance sheet date

Bilanzstichtag

balance sheet item
Bilanzposition

balance sheet total
Bilanzsumme

bank confirmation
Bankbestätigung

bank overdraft
Überziehung des eingeräumten Kreditrahmens

bank reconciliation
Abstimmung der Bankkonten mit dem Bankauszug, vgl. hierzu schwebende Positionen, Zahlungsausgänge bei der Bank, die nicht am selben Tag am Bankkonto berücksichtigt sind.

bank reconciliation statement
Überleitungsrechnung von Zahlungsmittelkonto zu Bankauszügen

bank statement
Bankauszug

bankrupt
Zahlungsunfähig, Konkurs (*bankruptcy*)

bargain purchase option
Eine im Leasingvertrag vereinbarte Option, am Ende der Leasingdauer das Leasingobjekt zu einem günstigen (unter dem Verkehrswert liegenden) Preis zu kaufen.

bargain renewal option
Günstige Verlängerungsoption (Leasing)

base stock method
Festwert bei Vorräten

basic earnings per share
Der in der GuV gemachte Ausweis vom Gewinn je Aktie. Es wird der Gewinn abzüglich einer eventuellen Vorzugsdividende dividiert durch die Anzahl der Aktien. Dabei wird auf eine mögliche Verwässerung nicht Rücksicht genommen, vgl. *diluted.*

batch processing
Stapelverarbeitung (EDV)

bear

Baisse, Markt mit der Vermutung, dass Wertpapierpreise fallen werden

bearer (coupon) bonds

Anleihe als Inhaberwertpapier

benchmark treatment

Standardmethode (IFRS), im Gegensatz zur Alternativmethode: *allowed alternative treatment*

benchmarking

Vergleich der eigenen Unternehmensleistung mit der Leistung der Besten in der Branche

betterments

Verbesserungen an Anlagegütern, die zu aktivieren sind, vgl. auch *improvements*; z.B. Ziegeldach statt Strohdach

bid

Kaufangebot machen

Big 4

Die vier größten Wirtschaftsprüfungsgesellschaften: Deloitte & Touche, Ernst & Young, KPMG, PricewaterhouseCoopers

bill

Rechnung

bill of lading

Frachtbrief

binder

Ordner

block sampling

Stichprobenauswahl nach Gruppen

blue sky law

U.S. Gesetze bezüglich Handel von Wertpapieren

board of directors

Vorstand und Aufsichtsrat, wobei die Vorstände *officers* genannt werden (CFO, CEO)

bond

Anleihe

bond conversion

Der Umtausch einer Anleihe in Aktien (*convertible bond* für Wandelanleihe)

bond discount

Abschlag: Die Anleihe wird dann unter dem Nominalwert gekauft, verkauft.

bond indenture

Anleihevertrag, Willensübereinstimmung zwischen Anleihenemittent und Anleihenkäufer

bond premium

Aufgeld: dann, wenn für die Anleihe mehr gezahlt wird als das Nominale

bond redemption

Rückzahlung der Anleihe

bonds payable

Ausgegebene Anleihen, wörtlich: Anleihen, die zurückgezahlt werden müssen

bonus

Prämie, die für eine besondere Leistung bezahlt wird

book

Buchung eines Vorganges im Unternehmen, als Substantiv das Journal bzw. die Hauptbuchkonten

book cost

Buchwert (*book value*)

book inventory

Jener Inventurwert am Bilanzstichtag, der aus der Lagerbuchführung entnommen wird; setzt eine permanente Inventur voraus

book keeping

Buchführung, Buchhaltung, doppelte Buchführung: *double entry bookkeeping*

book of original entry

Ersterfassung des Buchungsstoffes im Journal

book value

Buchwert, auch: *carrying value*

boot

Ausgleichszahlungen (beim Tausch), wenn Wertdifferenzen bestehen

borrower

Kreditnehmer, im Gegensatz zum Kreditgeber (*lender*)

borrowing costs

Kosten für Fremdkapital, aus der Sicht des Kreditnehmers (*borrower*)

branch

Betriebsstätte, Zweigniederlassung, Filiale

burden of proof

Beweispflicht

business combination

Zusammenschluss von Unternehmen (ohne Konsolidierung)

business consultant

Betriebsberater, Unternehmensberater

business entity concept

Trennung von Unternehmen und Eigentümer, bei der juristischen Person, z.B. AG, GmbH, Genossenschaft verwirklicht

business year

Wirtschaftsjahr, Geschäftsjahr, im Gegensatz zum Kalenderjahr

calculate

Errechnen, ausrechnen

call option

Die Berechtigung (nicht Verpflichtung), Aktien zu einem vorher festgelegten Preis zu kaufen

callable bonds

Anleihe auf Abruf: Dann, wenn der Emittent das Recht hat, die Anleihe vor Endfälligkeit zurückzuzahlen

callable preferred stock

Vorzugsaktien, die von emittierenden Unternehmen an einem bestimmten Tag zu einem vorher bestimmten Preis eingezogen werden können

cancel

Streichen, entwerten, stornieren

cap

Gegen Zahlung einer Prämie wird für eine bestimmte Laufzeit eine Zinsobergrenze garantiert.

capital allowances

Steuerliche Abschreibungen

capital consolidation

Kapitalkonsolidierung

capital expenditure

Aktivierungspflichtige Ausgabe, Investitionen

capital gain

Gewinn aus der Veräußerung bestimmter Anlagen (insbesondere mit steuerlichen Begünstigungen), ein Gewinn aus einer peripheren Tätigkeit des Unternehmens, nicht aus dem Kerngeschäft stammend, z.B. Verkauf von Familiensilber

capital improvements

Werterhöhende Aufwendungen

capital lease

Finanzierungsleasing: Ein Leasinggeschäft, das beim Leasingnehmer zur Aktivierung (*to capitalize*) führt im Gegensatz zum *operating lease*, das ein „echtes" Leasinggeschäft darstellt.

capital maintenance approach

Gewinnermittlung durch Vergleich des Betriebsvermögens mit jenem der vorausgehenden Periode. Im Gegensatz dazu gibt es die Gewinnermittlung in der Gewinn- und Verlustrechnung (*transaction approach*).

capital stock

Grundkapital, bestehend aus Stammaktien und Vorzugsaktien (*common, preferred shares*)

capitalization criteria

Kriterien, die zur Aktivierung führen

capitalization period

Zeitraum der Herstellung, für den z.B. Zinsen zu aktivieren sind.

capitalize

Aktivierung, im Gegensatz zu aufwandswirksam (*expense*)

carry over of capital gains

Übertragung stiller Reserven, steuerfreie Rücklage

carryback

Verlustrücktrag, rückwirkende Berücksichtigung von steuerlichen Verlusten

carryforward

Vortragen, Saldovortrag, Verlustvortrag

carrying cost

Kosten, die während der Lagerung von Vorräten anfallen, und zwar im Zeitraum zwischen Einkauf und Verkauf, beispielsweise Versicherungsaufwand

carrying value

Buchwert, auch: *book value*

carryover

Übertragen, verschieben, prolongieren

cash (surrender) value of life insurance

Rückkaufswert einer Versicherung (bei Vertragsauflösung), beim versicherten Unternehmen als Vermögenswert in der Bilanz auszuweisen

cash balance plans

Pensionsansprüche, die beim Arbeitsplatzwechsel mitgenommen werden können, vgl. Mitarbeitervorsorgekasse (A)

cash basis of accounting

Einnahmen-Ausgabenrechnung, im Gegensatz zur doppelten Buchhaltung (*accrual basis of accounting*)

cash disbursements journal

Kassenbuch, insbesondere für die Aufzeichnung von Ausgaben

cash discount

Skonto

cash dividend payable

Dividendenausschüttung, eine Verbindlichkeit erst nach dem Beschluss der Hauptversammlung

cash dividends

In Geld ausgezahlte Dividende, im Vergleich dazu Dividendenauszahlung in Waren (*property dividends*) oder Auszahlung in „jungen" Aktien (*stock dividends*)

cash equivalents

Geld, wörtlich: gleichwertig, Definition der Liquidität im Rahmen der Kapitalflussrechnung. Gleichwertig mit Geld sind jene kurzfristigen Veranlagungen, die eine ursprüngliche Laufzeit von weniger als drei Monaten haben.

cash flow hedge

Absicherung von bestimmten Geschäften mit einem Derivat, Absicherung gegen Cashflow-Risiken, z.B. durch Warentermingeschäfte bei befürchteten Preisanstiegen

cash flow risk

Cashflow-Risiko, aufgrund unsicherer zukünftiger Cashflows, z.B. bei Kauf von Rohstoffen auf Termin, Kursänderungen bei Fremdwährungen

cash generating units

Geschäftseinheiten, für die ein Cashflow ermittelt werden kann, erforderlich für einen *impairment test*, vergleichbar mit Segmenten (*segment reporting*)

cash payments journal

Kassenbuch

cash receipts journal

Kassenbuch, besonders für Kasseneingänge (z.B. Theater)

cash reconciliation

Gegenüberstellung der liquiden Mittel (1.1. und 31.12.)

ceiling (US)

Obergrenze (wörtlich: Decke) bei der retrograden Ermittlung der Herstellungskosten am Absatzmarkt ausgehend vom Preis eines Konkurrenzproduktes werden die noch anfallenden Vertriebskosten (*disposal*) abgezogen, bei Bewertung nach der *lower of cost or market method*, auch: *net realizable value*

CEO (chief executive officer)

Vorstandsvorsitzender

certificate

Urkunde, beispielsweise die Verkörperung einer Anleihe oder einer Aktie

certificate of deposit

Bankeinlage, Einzahlungsbeleg, auch: *fixed deposit* für Festgeld

certified public accountant (CPA)

Wirtschaftsprüfer (US), *chartered accountant* (GB)

CFO (chief financial officer)

Finanzvorstand

change in accounting principle

Veränderung eines Bewertungsansatzes, z.B. von FIFO auf LIFO

change in reporting entity

Veränderung des Konsolidierungskreises

changes in estimate

Veränderungen in den Einschätzungen: Einschätzungen oder Annahmen werden z.B. bei der Nutzungsdauer, beim Schrottwertansatz, bei der Einbringlichkeit von Forderungen, bei der Wertminderung von Vorräten vorgenommen. Wenn sich Voraussetzungen ändern, dann werden auch diese Einschätzungen zu korrigieren sein.

changes in finished products

Bestandsveränderung fertiger Erzeugnisse

changes in inventory

Bestandsveränderung

chapter 11

Verfahren zur Konkursabwendung (US)

charge

Gebühr, Kostenbelastung, belasten, *at no charge* für gebührenfrei

charitable contribution

Spenden

chart of accounts
Kontenplan

chartered accountant
Wirtschaftsprüfer (GB)

check against
Vergleichen mit, gegenprüfen

claims
Ansprüche, Forderungen

clerical accuracy
Rechnerische Richtigkeit

close corporation
Familiengesellschaft, im Gegensatz zu einer börsennotierten Gesellschaft

closing entries
Abschlussbuchungen, Übertragung der Salden von den Bestandskonten auf das Schlussbilanzkonto bzw. die Salden der Erfolgskonten auf das Gewinn- und Verlustkonto

closing rate
Stichtagskurs

collateral
Pfand, Überlassung eines Vermögensgegenstandes als Sicherheit, auch: *surety* oder *guaranty*

collectible
Einbringlich (von Forderungen)

collusion
Betrugshandlung oder Unterschlagung durch Zusammenspiel von Mitarbeitern

comfort letter
Bestätigungsschreiben des Wirtschaftsprüfers, dass finanzielle Angaben in einem Prospekt auf die Plausibilität überprüft worden sind

commercial code
Handelsgesetzbuch

commercial law

Handelsrecht

commission agent, principal

Kommissionär, Kommittent

commission basis

Bezahlung auf Provisionsbasis

commission

Provision

commodities

Rohstoffe, die auf Termin gehandelt werden

commodity backed bonds

Anleihen, die entweder in Geld oder in Rohstoffen (Öl, Kohle, seltene Metalle) zurückgezahlt werden. Der jeweils höhere Wert wird die Rückzahlungsart bestimmen.

common stock/shares

Stammaktien, im Gegensatz zu *preferred stock* für Vorzugsaktien

comparability

Vergleichbarkeit; beispielsweise sind Bilanzdaten nur dann nützlich, wenn sie vergleichbar sind mit Bilanzdaten anderer Unternehmen.

comparative financial statement

Jahresabschluss mit Vorjahreszahlen

compensated absences

Bezahlte Urlaube, Krankenstände

compensating balances

Festgeldeinlage, Kaution, Mindestguthaben als Voraussetzung für eine Kreditgewährung

competent

Aussagekräftig (Prüfungsnachweise)

completed contract method

Gewinnrealisierung nach Fertigstellung, im Gegensatz zur Teilgewinnrealisierung (*percentage of completion*)

completeness

Bilanzvollständigkeit

compliance

Einhalten von Vorschriften

components of pension expense

Zusammensetzung des Pensionsaufwandes

composite approach/depreciation

Eine Gruppe von ungleichen Wirtschaftsgütern mit ungleicher Nutzungsdauer wird als Einheit betrachtet und gemeinsam abgeschrieben. Dabei wird eine einheitliche durchschnittliche Nutzungsdauer ermittelt. Beispiel dafür ist der Fuhrpark eines Unternehmens, der sich aus Kraftfahrzeugen, Lkws und Kombis zusammensetzt.

compound entry

Zusammengesetzte Buchungen, wenn mehrere Konten gleichzeitig angesprochen werden

compound instrument

Kombiniertes Finanzinstrument

compound interest

Zinseszins

compounding period

Zeitraum, für den Zinsen berechnet werden, in der Regel ein Jahr oder eine kürzere Periode

comprehensive income

Umfassendes Einkommen: In einigen Fällen wird ein Ertrag oder ein Aufwand nicht in der Gewinn- und Verlustrechnung erfasst, sondern sofort beim Eigenkapital.

compulsory

Obligatorisch

condensed financial statements

Komprimierte Jahresabschlüsse (Zwischenberichte)

condition precedent

Aufschiebende Bedingung

condition subsequent

Auflösende Bedingung

confidence, confidence level

Sicherheitsgrad der Beurteilung durch den Wirtschaftsprüfer

confirmation (letter)

Bestätigung (von Forderungen), Bestätigung von Dritten, Bestätigungsschreiben

conglomerate

Holding mit Tochterunternehmen, die in verschiedenen Industriezweigen tätig sind.

conservatism

Vorsichtsprinzip, Gläubigerschutz, auch: *prudence*, z.B. imparitätisches Realisationsprinzip

conservative approach

Imparitätsprinzip

consigned goods

Konsignationsware, Kommissionsware

consignee

Empfänger (einer Ware)

consignment

Kommissionsgeschäft

consignor

Absender, Erzeuger der Ware

consistency

Stetigkeitsprinzip, Beibehaltung der Bilanzierungs- und Bewertungsmethoden

consolidated financial statements

Konzernabschluss

consolidation

Konsolidierung, Stornierung, Eliminierung anlässlich der Erstellung eines Konzernabschlusses, betrifft Forderungen und Verbindlichkeiten an verbundene Unternehmen, betrifft Konzernumsätze, betrifft die Beteiligung beim Mutterunternehmen und das Eigenkapital des Tochterunternehmens

constraints

Einschränkungen, beispielsweise wird die Informationspflicht durch die Wesentlichkeit und die Kosten-Nutzen-Relation eingeschränkt

constructions in progress

In Bau befindliche Anlagen

constructive dividend

Verdeckte Gewinnausschüttung

constructive obligation

Faktische Verpflichtung: Unternehmen kann sich einer Verpflichtung nicht entziehen, obwohl eine solche nicht vereinbart worden ist (öffentliche Erwartung)

constructive receipt

Verfügbarkeit, auch wenn noch keine Zahlung erfolgt ist

consultancy fees

Rechts- und Beratungskosten

consumables

Verbrauchsmaterial

contingencies, contingent liabilities

Verbindlichkeitsrückstellungen, auch: Eventualverbindlichkeiten

contingency

Möglicher Ertrag oder möglicher Verlust, nach US GAAP: Eventualverbindlichkeit bzw. Rückstellung

contingent asset

Eventualforderung, ein möglicher Vermögenswert

contingent liabilities

Eventualschuld, Rückstellung (US), wobei der Bilanzansatz abhängig vom Risiko ist. Ein Bilanzansatz erfolgt nur, wenn die Wahrscheinlichkeit sehr groß ist (*probable*); eine mögliche Verpflichtung

continuing franchise fees

Laufende Franchise-Gebühr

continuing operations

Vergleichbar dem Betriebsergebnis, wörtlich: Ergebnis aus der laufenden Tätigkeit, im Gegensatz zur aufgegebenen Tätigkeit (*discontinuing operations*), die ebenfalls in der Gewinn- und Verlustrechnung gesondert darzustellen ist

continuity of operations

Die Annahme einer nachhaltigen, unternehmerischen Tätigkeit (Going-Concern-Prinzip)

continuous audit

Rollierende Prüfung bzw. vorverlagerte Prüfung

continuous inventory method

Permanente Inventur, die Inventur wird an einem beliebigen Stichtag während des Jahres durchgeführt, insbesondere dann, wenn der niedrigste Lagerbestand vorhanden ist. Am Bilanzstichtag wird der Inventurwert dem Lagerbestandsverzeichnis entnommen, im Gegensatz dazu die Inventur am Bilanzstichtag (*periodic inventory system*).

contra account

Gegenkonto, im Sinne einer Korrektur eines bestehenden Kontos z.B. auf Grund der indirekten Abschreibung oder der Forderungswertberichtigung

contra asset account

Gegenkonto zu einem aktivseitigen Bestandskonto, z.B. bei indirekter Abschreibung, die kumulierte Abschreibung oder die Wertberichtigung zu Forderungen

contributed (paid-in) capital

Eingezahltes Grund- bzw. Stammkapital

contribution of permanent establishment

Betriebseinbringung

contributions

Spenden, Beiträge

contributory pension plans

Pensionspläne, in denen die Höhe des Betrages definiert ist, den das Unternehmen an einen Pensionsfonds zahlt. Im Gegensatz dazu die Pensionsvereinbarung, in der jener Betrag (*defined benefit*) bestimmt ist, der als Pension gezahlt wird.

control

Überprüfen

control bzw. controlling financial interest

Beherrschender Einfluss auf ein Unternehmen, Mutterunternehmen hält mehr als 50% der Stimmrechte des Tochterunternehmens, verbundenes Unternehmen (*subsidiary*)

control risk

Risiko des Nicht-Funktionierens der internen Kontrolle

conventional retail inventory method

Handelsinventurmethode, bei der die Inventurbewertung mit Verkaufspreisen vorgenommen wird. Über den Rohaufschlag (*cost to retail ratio*) errechnet sich die Inventur zu Einkaufspreisen.

conversion clause

Umtauschrecht für Aktien, z.B. von Stammaktie auf Vorzugsaktie

conversion cost

Herstellungskosten, wörtlich: Einzelkosten und Gemeinkosten werden in ein fertiges Produkt umgewandelt (*convert*), auch: *manufacturing cost*

conversion of legal form

Rechtsformwechsel

convertible bond

Wandelanleihe: Bei Endfälligkeit der Anleihe wird dem Gläubiger ein Wahlrecht eingeräumt, entweder das Entgelt zurückzuerhalten oder Aktien des Unternehmens. Der höhere Wert wird die Rückzahlungsart bestimmen.

convertible preferred stock

Vorzugsaktie mit der Option, zu einem vorher bestimmten Verhältnis die Vorzugsaktie in „normale“ Aktien umzutauschen

COO (chief operating officer)

Betriebs- bzw. Vertriebsleiter

cooperative

Genossenschaft

copyright

Urheberrecht

corporate tax

Körperschaftsteuer

corporation

Kapitalgesellschaft (Firmenzusatz „*Inc.*“)

correcting entry

Korrekturbuchung, eine unrichtige Buchung wird richtig gestellt

correction of an error

Fehlerkorrektur in der Bilanz

corridor amortization

Versicherungsmathematische Gewinne (Verluste) werden erst beim Überschreiten eine Bandbreite (*corridor*) ergebniswirksam

corridor approach

Bandbreite von i.d.R. 10 %, innerhalb welcher Wertänderungen beim Pensionsfondsvermögen und Änderungen der Pensionsansprüche aufgrund versicherungsmathematischer Annahmen nicht berücksichtigt werden

cost

Aufwand, Kosten

cost accounting

Kostenrechnung, auch: *managerial accounting*

cost flow assumptions

Annahme einer bestimmten Verbrauchsabfolge, insbesondere bei Festlegung von *first-in, first-out* bzw. *last-in, first-out*

cost method

Bewertung der eigenen (rückgekauften) Aktien mit dem Rückkaufpreis, im Gegensatz dazu die Bewertung der rückgekauften Aktien mit dem Nominalwert (*stated value method*)

cost of conversion

Herstellungskosten, dem Produkt zurechenbare Kosten

cost of goods manufactured

Herstellungskosten, die Summe aller Kosten eines Produktes

cost of goods purchased

Einkaufspreis einschließlich Nebenkosten

cost of goods sold

Zur Umsatzerzielung aufgewendete Kosten beim Umsatzkostenverfahren, auch: Wareneinsatz

cost of purchase

Anschaffungskosten

cost principle

Anschaffungskostenprinzip bestehend aus Kaufpreis, Eingangsfrachten, Aufstellungskosten und andere Kosten, die erforderlich sind, um das Wirtschaftsgut zu nutzen

cost recovery method

Gewinnrealisierung erst dann, wenn beim Verkäufer die eingegangenen Zahlungen die Kosten des verkauften Produktes übersteigen

cost-benefit relationship

Kosten-Nutzen-Relation; wenn beispielsweise die Kosten für ein Gutachten zur Bewertung eines Bilanzansatzes höher sind als der daraus gezogene Informationsgehalt, dann muss diese Information nicht gegeben werden, auch: *constraints, restriction*

cost-effective

Wirtschaftlich

costing

Kalkulation

cost-plus contract

Gewinnaufschlag, vertraglich vereinbart, üblicherweise bei langfristiger Auftragsfertigung, auch: *cost plus method*

cost-to-cost basis

Teilgewinnrealisierung, Verhältnis der bisher angefallenen Kosten zu den Gesamtkosten, z.B. Gesamtkosten 100, bisher angefallenen Kosten 30, daher Teilgewinnrealisierung mit 30 %

cost-to-retail ratio

Rohaufschlag: Jener Betrag, der auf den Einkaufspreis aufgeschlagen wird, um zum Verkaufspreis zu gelangen

count

Zählen

counterbalancing errors

Fehler, die in der nächsten Periode von selbst korrigiert werden, z.B. zu hohe Bewertung der Inventur

counter-party

Der andere Vertragspartner, Gegenüber

coupon

Zinsschein, Gutschein, Bezugsschein, insbesondere bei Anleihen

covenant

Vertrag, Vereinbarung, z.B. *loan covenant* für Darlehensvertrag

creative accounting

Fragwürdige Interpretation von Bilanzierungsgrundsätzen oder von Sachverhalten, um Ergebnisse zu manipulieren. Im Wesentlichen geht es darum, zukünftige Erlöse bereits im Bilanzjahr darzustellen (*premature revenue recognition*)

credit (credit side)

Haben (Habenseite), Abkürzung: cr

credit loss

Forderungsverlust, uneinbringliche Forderung

credit memorandum

Gutschrift, Reduzierung (*crediting*) einer Forderung wegen Rückgabe, Wertberichtigung

creditor

Gläubiger, derjenige, der verleiht (*lend*), im Gegensatz zum Ausleiher (*borrower* oder *debtor*)

cross-reference

Gegenkonto

cross-section analysis

Die Analyse des Jahresabschlusses verschiedener Unternehmen zum selben Bilanzstichtag, im Gegensatz zur Bilanzanalyse eines Unternehmens, jedoch über mehrere Perioden (*time-series analysis*)

cum rights

Im Kaufpreis eines Wertpapieres enthaltene Kaufoption neuer Aktien; gegebenenfalls ist der Kaufpreis aufzuteilen in einen „echten" Kaufpreis und dem Wert der Option, im Gegensatz zum Kaufpreis ohne Optionsanteil (*ex rights*)

cumulative dividend

Eine Verzugsdividende, die in Verlustjahren nicht ausgezahlt worden ist, wird im Jahr einer Gewinnausschüttung nachgeholt und ausbezahlt, bevor die Stammaktionäre ihre Dividende erhalten.

cumulative effect changes

Berücksichtigung der Bewertungsänderung im laufenden Jahr, im Gegensatz zur retroaktiven Änderung in der Eröffnungsbilanz

cumulative effect of change in accounting principle

Gesonderter Ausweis in der Gewinn- und Verlustrechnung von Änderungen der Bilanzierungsmethode: Dargestellt wird der kumulierte Effekt unter der Annahme, dass die geänderte Bestimmung von Anfang an angewendet worden wäre

cumulative preferred stock

Vorzugsaktie, die berechtigt, ausgefallene Gewinne in Verlustjahren in Gewinnjahren nachzuholen

current

Kurzfristig

current assets

Umlaufvermögen

current cost

Wiederbeschaffungskosten, auch: *replacement cost*

current liabilities

Kurzfristige Verbindlichkeiten

current maturities of long-term debt

Jener Teil einer langfristigen Verbindlichkeit, der in den nächsten zwölf Monaten fällig wird, ist als kurzfristige Verbindlichkeit auszuweisen.

current rate method

Stichtagskursmethode (Währungsumrechnung)

current ratio

Verhältnis vom Umlaufvermögen zu kurzfristigem Fremdkapital

current tax benefit

Steuergutschrift aufgrund des Verlustrücktrages

curtailment

Veränderungen, Verschlechterungen der Pensionsansprüche

customers' ledger

Debitorenkonten, Kundenkonten, Personenkonten

customs duty

Zoll

cutoff rate

Obergrenze, Limit, z.B. für die Ausnutzung eines Kontokorrentkredits, auch: *hurdle rate*

days of grace

Überziehungszeitraum, jener Zeitraum, der im Gesetz oder im Vertrag eingeräumt ist, eine Schuld noch rechtzeitig nach Fälligkeit zu zahlen, wenn beispielsweise der Fälligkeitstag ein Sonntag oder ein Feiertag ist, dann kann am darauf folgenden Tag die Schuld entrichtet werden

debenture bonds

Ungesicherte Anleihen, zum Verständnis: Gesicherte Anleihen, wie Pfandbriefe, haben in der Regel eine 100 % Deckung in Grundstücken.

debit (debit side)

Soll (Sollseite) Abkürzung: dr

debt securities

Gläubigerwertpapiere, z.B. Anleihen im Gegensatz zu Eigentümerwertpapieren (*equity securities*)

debt service payment

Rückzahlungsverpflichtung für eine Verbindlichkeit, Ratenzahlung, Annuität; in der Rückzahlungsverpflichtung sind üblicherweise Zinsen enthalten.

debt to total assets ratio

Verhältnis von Fremdkapital zu Aktiva

debt-equity ratio

Verhältnis von Fremdkapital zu Eigenkapital

debtor

Schuldner

decision usefulness

Nützlichkeit für den Bilanzleser, gilt insbesondere für den Anhang. Es soll jene Information geliefert werden, die für die wirtschaftlichen Entscheidungen des Bilanzlesers nützlich sind. Hinweis: In der internationalen Rechnungslegung dominiert die Information, im HGB dominiert der Gläubigerschutz.

declaration date

Jener Zeitpunkt, zu dem sich der Vorstand für eine Dividende ausspricht, entscheidet.

declining-balance method, depreciation

Degressive Abschreibungsmethode: bei gleich bleibendem Prozentsatz wird immer vom verbleibenden Restbuchwert die Abschreibung berechnet, auch: *decreasing charge method* oder *double declining balance method.*

deductible amounts

Abzugsfähige Beträge

deductible temporary difference

Abzugsfähige vorübergehende Differenzen, bei Ermittlung der latenten Steuern

deep discount (zero-interest) debenture bonds

Nullkuponanleihen, auch: *zero bonds*

defalcation

Veruntreuung, Unterschlagung, auch: *embezzlement*

default

Nichterfüllung einer Forderung, Zahlungsverzug, Zahlungsunfähigkeit

defeasance

Annullierung, eine Schuld nachlassen, null und nichtig erklären (*rendering null and void*)

deferral

Abgrenzung, momentane Nichtberücksichtigung von geldwirksamen Aufwendungen und Erträgen, weil einer späteren Periode zuordenbar

deferred annuity

Die Rückzahlungsrate beginnt erst später, das heißt nach zwei oder mehreren Perioden.

deferred charges

Aufwand, der bezahlt wurde, die Periode des Geschäfts- bzw. Kalenderjahres überschreitet, z.B. Versicherungsaufwand bezahlt für 18 Monate. Hinweis: Nach US GAAP wird nicht zwischen sonstigen Forderungen und aktiven Rechnungsabgrenzungen unterschieden.

deferred credits

Rückstellungen, Hinweis: Nach US GAAP wird nicht zwischen Verbindlichkeiten und Rückstellungen unterschieden.

deferred revenue

Kundenanzahlungen, wörtlich: aufgeschobener Ertrag, z.B. Mieteinnahmen für zwei Jahre im Voraus

deferred tax assets (liabilities)

Latente Steuerforderungen (Steuerverbindlichkeiten), als Bilanzposition

deferred tax expense

Steueraufwand eines Jahres, bedingt durch latente Steuern

deferred tax liability

Rückstellung für latente Steuern

deferred taxes

Latente Steuern

deficit reclassification

Gewinnerhöhende Auflösung von Kapitalrücklagen zur Abdeckung von Verlusten

defined benefit liability (asset)

Nettopensionsverpflichtung (-forderung) nach IFRS

defined benefit plan

Leistungsorientierter Pensionsplan, Unternehmen definiert Pensionsanspruch (Abfertigungsanspruch) und verpflichtet sich zur Auszahlung. Pensionsvertrag, der die Höhe der Pensionszahlung festlegt. Im Gegensatz dazu ein Pensionsvertrag, der nur zu bestimmten Zahlungen (*defined contribution*) an den Pensionsfonds verpflichtet.

defined contribution plan

Beitragsorientierter Pensionsplan; ein Unternehmen verpflichtet sich zur Zahlung eines bestimmten Beitrages an einen Pensionsfonds (Mitarbeitervorsorgekasse).

depletion

Substanzabschreibung, Verbrauchsabschreibung

deposit

Anzahlung, Vorauszahlung, Verbuchung als Verbindlichkeit

deposit in transits

Überweisung an die Bank, die aber bei der Bank noch nicht gebucht worden ist.

depreciable value, depreciable cost

Abschreibbarer Wert, insbesondere dann, wenn auf einen Restwert (Schrottwert) abgeschrieben wird.

depreciation

Abschreibung materieller Vermögenswerte: Abschreibung für Abnutzung, davon zu unterscheiden ist die Abschreibung durch Zeitablauf (*amortization*) und die Substanzabschreibung (*depletion*).

derecognition

Ausbuchung, Abgang

derivative financial instrument

Derivat: Der Wert eines Derivats wird i.d.R. zur Absicherung eines bestehenden Finanzinstrumentes verwendet.

designated market value

Der mittlere von drei Marktwerten, die sich wie folgt errechnen: Wiederbeschaffungskosten (*replacement costs*) am Beschaffungsmarkt, Obergrenze (*ceiling*) und Untergrenze (*floor*) am Absatzmarkt.

detachable stock warrants

Bezugsrechte auf junge Aktien zu einem vorbestimmten Preis innerhalb eines vorbestimmten Zeitraumes.

detailed test

Lückenlose Prüfung

detection risk

Risiko, dass der Wirtschaftsprüfer einen Fehler nicht findet

determine

Entscheiden, beschließen, herausfinden, feststellen, veranlassen, Alternativen: *settle, decide, conclude, ascertain, cause, affect, control, impel, terminate, decide upon*

development costs

Entwicklungskosten

development stage enterprises

Neu gegründete Unternehmen, Gründungsjahre

deviation

Abweichung, Kontrollhandlungen, die nicht durchgeführt worden sind

differential cost

Grenzkosten

diluted earnings per share

Gewinn je Aktie unter Berücksichtigung von Verwässerungen: Eine Verwässerung tritt insofern ein, als durch Ausübung von Optionsrechten bzw. bei Wandelanleihen sich die gegenwärtige Anzahl der ausstehenden Aktien vergrößern kann. Bei Berücksichtigung von zusätzlichen Aktien reduziert (verwässert) sich der Gewinn je Aktie.

dilution

Verwässerung des Gewinnes je Aktie: Wenn zukünftig Aktienoptionen ausgeübt werden, steigt die Anzahl der Aktien, damit fällt der Gewinn je Aktie.

direct financing lease

Ein Leasingverhältnis, das zu einer Aktivierung führt. Diese Bezeichnung betrifft den Leasinggeber. Finanzierungsleasing im engeren Sinn (bei Banken); ein Leasinggeschäft, das beim Leasingnehmer zu aktivieren (*capitalize = capital lease*) ist, weil wirtschaftlich gesehen (*substance over form*) ein fremdfinanzierter Kauf vorliegt.

direct method

Wörtlich: direkte Methode, Ermittlung des Cashflows nach der direkten Methode, vgl. dazu indirekte Methode

direct write-off method

Ausbuchung uneinbringlicher Forderungen im Gegensatz zu Wertberichtigung (*allowance*) von zweifelhaften Forderungen

disbursement

Barzahlung oder Zahlung mittels Scheck

disclaimer of opinion

Verweigerung des Bestätigungsvermerkes, Versagungsvermerk

disclosure, adequate

Offenlegung in Bilanz, angemessene Darstellung im Jahresabschluss

disclosures in the notes

Erläuterungen im Anhang

discontinued operations

Geschäftstätigkeiten von aufgegebenen Teilbetrieben: Gewinne und Verluste aus der operativen Geschäftstätigkeit werden nach Aufgabebeschluss in der Gewinn- und Verlustrechnung gesondert ausgewiesen.

discount

Disagio (beim Anleihekauf), Abgeld im Gegensatz zu Agio (Aufgeld)

discount rate

Diskontsatz, Zinssatz für Abzinsung

discounted cash flow

Abgezinster Cashflow, auch: *net present value*

discounting

Abzinsung: Der abgezinste Wert (*present value*) ist geringer als der Endwert (*future amount*).

discounting notes

Wechseldiskontierung bei der Bank

discounts lapsed (lost)

Nicht ausgenützte Skonti

discretionary costs

Geplante Kosten

dishonoured note

Ein Wechsel, der am Fälligkeitstag nicht eingelöst worden ist

disposal (of fixed assets)

Abgang (von Anlagevermögen)

dissimilar nonmonetary asset

Ungleiche Güter, z.B. Tausch Auto gegen Teppich

dissolution

Auflösung einer Personengesellschaft

distinct (asset, liability)

Eindeutiger ausgewiesener Vermögenswert, Schuld

distributable income

Ausschüttungsfähiger Gewinn, üblicherweise in der Form einer Dividende mit der Einschränkung, dass das laufende Geschäft durch den Geldabfluss nicht gefährdet wird.

dividends in arrears

Vorzugsdividenden, die in Verlustjahren nicht ausgezahlt werden können, werden in Gewinnjahren nachgeholt und schmälern die Gewinnerwartungen der Stammaktionäre.

dividends received

Dividendenerträge

dividends received deductions (US)

Teilweise Steuerfreiheit für Beteiligungserträge

dollar value LIFO

Last-in-first-out-Methode, wobei die Inventur nicht nach Mengen, sondern mit dem Wert nach Warengruppen (*pool*) bewertet wird. Durch Berücksichtigung eines Preisindexes werden Preissteigerungen nur insoweit berücksichtigt, als der Vorräteendbestand den Vorräteanfangsbestand übersteigt. Bei Preissteigerungen in Folge hoher Inflation sinnvoll.

donated capital

Eigenkapitalanteil aufgrund von Erbschaften oder Geschenken an Unternehmen, nicht zu verwechseln mit dem eingezahlten Kapital (*contributed capital*), für das Aktien ausgegeben werden.

donations

Spenden

double declining balance method

Beschleunigte Abschreibung mit einem AfA-Satz, der doppelt so hoch ist wie bei der linearen Methode. Dieser erhöhte AfA-Satz wird jeweils vom Buchwert berechnet.

double entry accounting

Doppelte Buchhaltung

double entry book keeping

Doppelte Buchführung

double taxation

Doppelbesteuerung, z.B. auch dann, wenn die Kapitalgesellschaft Körperschaftsteuer zahlt und anlässlich der Ausschüttung Kapitalertragsteuer anfällt

double taxation treaty

Doppelbesteuerungsabkommen

doubtful accounts

Zweifelhafte Forderungen

draft

Wechsel, Scheck, Zahlungsanweisung

drawing account

Privatkonto bzw. nicht fixes Personenkonto im Rahmen einer Personengesellschaft: ein Konto, von dem Geld entnommen werden kann

due care

Sorgfaltspflicht

due diligence

Wörtlich: angemessene Sorgfalt, Risikoanalyse beim Erwerb eines Unternehmens für die Kaufentscheidung/Kaufpreisfindung (falls vom Verkäufer beauftragt: „*vendor due diligence*")

earned capital

Einbehaltene (thesaurierte) Gewinne, vgl. Gewinnrücklage

earned revenue

Realisierter Ertrag: Der Gewinn wird beispielsweise dann realisiert, wenn der Eigentumsübergang stattfindet (*point of sale*).

earnings

Gewinn, Profit, Einkommen, auch: *revenue, proceeds, profit, gain, dividends, pay*

earnings per share

Gewinn je Aktie: Dabei wird der Gewinn durch die Anzahl der Aktien dividiert.

easement

Grunddienstbarkeit, Berechtigung, ein anderes Grundstück zu nutzen, z.B. Leitungen legen

economic entity assumption

Diese Annahme trifft bei Kapitalgesellschaften zu, weil hier eine Trennung zwischen Eigentümer und Unternehmen erfolgt. Auf der anderen Seite werden rechtlich selbständige Unternehmen als verbundene Unternehmen in den Konzernabschluss mit einbezogen. Hier ist die wirtschaftliche Einheit dann der Konzern und nicht die jeweilige Kapitalgesellschaft.

economic life

Wirtschaftliche Nutzungsdauer: manchmal kürzer als die Lebensdauer (*physical life*), Basis für die Abschreibung, jener Zeitraum, für den erwartet wird, dass ein Vermögensgegenstand Erträge erwirtschaftet, insbesondere von Bedeutung für: Patente, Urheberrechte, Franchise-Vereinbarungen, weil hier auch gesetzliche oder vertragliche Fristen gegeben sind

effective interest method, effective interest rate

Realverzinsung ausgehend vom Kaufpreis, im Gegensatz zur Nominalverzinsung ausgehend vom Nominalwert. Effektivverzinsung; wenn z.B. ein Wertpapier mit Nominale 1.000 eine Verzinsung mit 5 % verspricht, aber tatsächlich für das Wertpapier nur 900 gezahlt worden sind, dann ist die Effektivverzinsung 5,5 %.

effective tax rate

Tatsächlicher Steuersatz: errechnet durch die Division von steuerpflichtigem Gewinn durch Steueraufwand

effective yield, or market rate

Realverzinsung oder Rendite: Falls eine Anleihe unter dem Nominalwert gekauft wird, ist die Rendite höher als der Prozentsatz der Nominalverzinsung.

effective/ineffective (cash flow hedge)

Wirksames/erfolgloses Absicherungsgeschäft: wenn wirksam, wird der Gewinn (*gain*) als *comprehensive income* dargestellt, wenn erfolglos, der Verlust (*loss*) aufwandswirksam

effectiveness

Wirksamkeit einer Prüfung

efficiency

Wirkungsgrad der Prüfungstätigkeit

eligible

Berechtigung, einen Anspruch haben

embedded derivative

Eingebettetes Derivat, z.B. bei der Wandelanleihe das Recht auf Aktienumtausch

enacted future tax rate

Der zukünftige Steuersatz für die Ermittlung von latenten Steuern – im Gegensatz zum Steuersatz, der im Jahr der Berechnung aktuell ist

enacted tax rate

Aktueller Steuersatz

encumbrance

Belastung, Vorsorge für eine erwartete Ausgabe

endorse

Billigen, unterstützen, indossieren

endorsed institution

Stiftung

endorsement mechanism

Anerkennungsmechanismus der IFRS in der EU, der Weg vom Standardsetter zum EU Gesetz, durchgeführt durch die „EFRAG“ (European Financial Reporting Advisory Group)

enforcement

Rechtsdurchsetzung; hier: Kontrolle der Einhaltung der IFRS im Rahmen des neuen europäischen Enforcement-Systems

engagement letter

Auftragsbestätigung an den Wirtschaftsprüfer

entity

Gesellschaft (allgemeiner Begriff)

entity concept

Neubewertungsmethode, bei der Vollkonsolidierung von Beteiligungen, die unter 100 % liegen; es erfolgt die Realisierung sämtlicher stiller Reserven und nicht anteilsmäßig wie bei der Buchwertmethode (*parent company concept*)

equity

Eigenkapital

equity financing

Finanzierung durch zusätzliches Eigenkapital, im Gegensatz zur Schuldenaufnahme (*debt financing*)

equity instruments

Eigenkapitalinstrumente (Aktien, GmbH-Anteile usw.)

equity method

Equitybewertung, Equitykonsolidierung, Teilkonsolidierung im Gegensatz zur Vollkonsolidierung: Konsolidierungsmethode bei einer Beteiligung zwischen 20 und 50 %, Bewertung der Beteiligung mit dem anteiligen Eigenkapital des Tochterunternehmens

equity securities

Eigentümerwertpapier, Anlegerwertpapiere (Aktien), Anteile, Beteiligungen im Gegensatz zu den Gläubigerwertpapieren (*debt securities*) wie z.B. Anleihen

ERISA

Das Employee Retirement Income Security Gesetz (US) schützt die Anleger privater Pensionsfonds, indem es die Pensionsfonds zu einer Versicherung verpflichtet.

error

Fehler

error rate

Fehlerrate, Anzahl der Fehler

estate tax

Erbschaftssteuer

estimate

Schätzung im Rahmen der Bilanzierung, z.B. Nutzungsdauer, Forderungsausfall

events after the balance sheet date

Ereignisse nach dem Bilanzstichtag bis zum Tag, der für die Veröffentlichung des Jahresabschlusses bestimmt ist

exceptional items

Außerordentliche Posten, auch: *unusual or infrequent items*

exchange difference

Währungskursdifferenz

exchange of assets

Tausch

exchange rate

Wechselkurs

excise duty

Verbrauchssteuer, z.B. Mineralölsteuer

excise tax

Verbrauchssteuer

executory contract

Leistungsvereinbarung

executory costs

Nebenkosten beim Leasing wie beispielsweise Versicherungsaufwand, Grundsteuer und Reparaturaufwand

exempt, exemption

Steuerfreiheit, steuerbefreit, steuerfrei, auch: *tax deduction*

exercise

Ausübung einer Option

exhibit

Anlage

expansion factor

Ausweitungsfaktor

expected rate of return

Erwarteter Ertrag des Pensionsfondsvermögens

expected return on plan assets

Erwartete Rendite des Deckungsvermögens, wird bei Berechnung der Pensionsverpflichtung (*benefit obligation*) geschätzt. Je höher der erwartete Ertrag aus der Veranlagung des Pensionsfondvermögens, desto geringer ist der Pensionsaufwand für das Unternehmen.

expenditure

Ausgaben, Aufwand

expense warranty approach

Bildung einer Garantierückstellung im Jahr des dazugehörenden Erlöses

expenses

Aufwendungen, Betriebsausgaben

explanatory paragraph

Ergänzung des Bestätigungsvermerkes

extinguishment of debt

Rückzahlung einer Schuld, volle Schuldentilgung

extraordinary depreciation

Außerordentliche Abschreibung

extraordinary items

Außerordentliche Aufwendungen und Erträge, enge Definition nach US GAAP: ungewöhnlich (*unusual*) und selten (*infrequent*)

f.o.b. destination

Eigentumsübergang erfolgt beim Käufer im Zeitpunkt der Übergabe; Sinnvoll wenn ein Transport vom Verkäufer zum Käufer erfolgt.

f.o.b. shipping point

Der Eigentumsübergang erfolgt, sobald der Verkäufer dem Frächter die Ware zum Transport übergeben hat.

face rate

Nominalverzinsung, auch: *nominal rate* oder *stated rate*

face value

Nennwert, Nominale, auch: *face, par, principal* oder *maturity value*

factoring receivables

Forderungsverkauf mit Risikoübernahme (*without recourse*) oder ohne Risikoübernahme (*with recourse*); im ersten Fall trägt die Factorbank das Risiko der Uneinbringlichkeit der Forderung.

factory burden

Fertigungsgemeinkosten

fair presentation

Der Jahresabschluss muss einen sicheren Einblick in die Vermögens-, Ertrags- und Finanzlage des Unternehmens bieten.

fair value

Marktwert (Beschaffungsmarkt, Absatzmarkt), beizulegender Wert, Tageswert, Marktpreis

fair value accounting

Genereller Ansatz von Tageswerten (ein Konzept der Bilanzierung), d.h. aufdecken stiller Reserven, das Gegenteil vom Gläubigerschutz

fair value adjustment

Indirektes Wertberichtigungskonto bei Wertpapieren

fair value hedge

Absicherung gegen Wertveränderungen bei Aktiva und Passiva

fair value method

Wörtlich: Marktwertmethode, bezogen auf die Bewertung von Aktienoptionen; die Bewertung der Option zu Marktpreisen bzw. einem Optionspreismodell (Black-Scholes). Im Gegensatz dazu gibt es das *intrinsic value* Bewertungsverfahren.

fair value of plan assets

Veränderung des Fondsvermögens ohne Berücksichtigungen von Einzahlungen des Unternehmens und Pensionsauszahlungen

faithful representation

Bilanzwahrheit (wörtlich: aufrichtige Darstellung)

fast close

Beschleunigter Jahresabschluss (Prüfung)

federal income tax

Ertragssteuern, die vom Bund eingenommen werden, im Gegensatz zu Ertragssteuern, die von Gemeinden eingehoben werden

feedback value

Die aus einem Jahresabschluss gewonnenen Informationen müssen für den Bilanzleser relevant (*relevance*) sein. Eine relevante Information bestätigt oder korrigiert die Erwartungen des Bilanzlesers.

FICA

Federal Insurance Contributions Act, die amerikanische Sozialversicherung

fiddle the accounts

Bücher frisieren, manipulierter Jahresabschluss

fiduciary

Treuhänder, auch: *trustee*

file

Einordnen, ablegen

financial accounting

Rechnungswesen, Buchhaltung, im Gegensatz zu Kostenrechnung (*managerial accounting*)

Financial Accounting Standards Board (FASB)

Seit 1973 verantwortlich für US GAAP

financial activities, financing activities

Geldzufluss (Geldabfluss) durch Finanzierungsaktivitäten im Rahmen der Kapitalflussrechnung, z.B. durch Ausgabe von Aktien oder durch die Auflage von Anleihen

financial assets at fair value through profit or loss

IFRS: Wertpapiere des Umlaufvermögens, *trading securities* (GAAP)

financial instruments

Finanzinstrumente, z.B. Geld, Eigentümerwertpapiere, Forderungen usw.

financial reporting

Berichterstattung, die über den geforderten Inhalt des Jahresabschlusses hinausgeht, z.B. Umweltschutzverträglichkeit

financial statements

Jahresabschluss mit den Inhalten Bilanz (*balance sheet*), Gewinn- und Verlustrechnung (*income statement*), Kapitalflussrechnung (*statement of cash flows*), Eigenkapitalveränderungsrechnung (*statement of retained earnings*), Anhang (*notes*)

financial statements (audited/ unaudited)

Jahresabschluss (geprüft/ungeprüft)

financial year, fiscal year

Geschäftsjahr, ein Zeitraum von zwölf Monaten, nicht unbedingt mit dem Kalenderjahr ident (*calendar year, natural business year*)

financing activities

Wörtlich: Finanzierungsaktivitäten, in der Kapitalflussrechnung Geldzu- und Geldabfluss, ersichtlich aus der Veränderung von Eigenkapital und langfristigem Fremdkapital

financing lease

Finanzierungsleasing, auch: *capital lease*, im Gegensatz zum *operating lease*; Finanzierungsleasing führt zur Aktivierung beim Leasingnehmer.

finished goods

Fertigerzeugnisse, Bilanzausweis bei Vorräten (*inventory*)

finished goods inventory

Inventur der Fertigfabrikate, im Gegensatz dazu Halbfabrikate (*work in process*)

firm commitment

Klare, bindende Vereinbarung

first-in, first-out (FIFO) method

Die zuerst eingekaufte Ware wird auch zuerst verkauft. Damit wird eine bestimmte Verbrauchsfolge (*cost flow assumptions*) unterstellt

fiscal

Steuerlich

fiscal unity

Organschaft, steuerlicher Begriff, Erfassung aller Ergebnisse beim Mutterunternehmen, Gruppenbesteuerung (A)

fixed assets

Anlagevermögen, auch: *property plant equipment*

fixed costs

Jener Teil der Herstellungskosten, der fixiert ist und sich nicht mit der Produktionsmenge verändert

flow assumption

Annahme der Verbrauchsfolge bei Warenvorräten, z.B. ist die Annahme bei FIFO, dass die zuerst eingekaufte Ware auch zuerst verkauft worden ist

folder

Akte, Ordner

footing

Aufaddieren

footnotes

Wörtlich: Fußnoten, betreffend die Bilanz und die Gewinn- und Verlustrechnung, üblicherweise zusammengefasst im Anhang

foreclosure

Zwangsversteigerung, Zwangsvollstreckung, z.B. Versteigerung einer Liegenschaft (Hypothek), die als Besicherung für einen Kredit gedient hat

foreign business

Ausländische Unternehmen aus amerikanischer Sicht dann, wenn sich mehr als 50 % des Betriebsvermögens außerhalb der USA befindet und mehrheitlich im Besitz von Nichtamerikanern sind

foreign entity, foreign operation

Tochterunternehmen bzw. Filiale; *foreign operations* sind im Gegensatz zum *foreign entity* unselbständig.

foreign exchange gain or loss

Kursgewinne oder Kursverluste durch Wechselkursveränderungen von Geld oder geldwerten Bilanzpositionen in fremder Währung

forensic accounting

Aufdecken von Unregelmäßigkeiten durch den Wirtschaftsprüfer

forgery

Fälschung

forgivable loans

Bedingte Darlehen

Form 10-K

Jährliche Berichterstattung an die Börsenaufsichtsbehörde (SEC) einer US-Gesellschaft

Form 10-Q

Quartalsberichterstattung an die Börsenaufsichtsbehörde einer US-Gesellschaft

forward contract

Termingeschäft: Eine Vereinbarung, eine Ware oder ein Finanzinstrument zu einem bestimmten Preis an einem bestimmten Tag zu verkaufen oder zu kaufen im Gegensatz zum *futures contract* gibt es keinen Markt, an dem dieser Vertrag gehandelt werden kann

foundation

Stiftung, auch: *endowed institution*

framework

Grundsätze, Rahmenkonzept, Basis für IFRS, US GAAP

franchise

Berechtigung zum Verkauf eines Produktes (McDonald) oder einer Dienstleistung

franchisee

Franchisenehmer

franchisor

Franchisegeber

fraud

Betrug

fraudulent conveyance

Vollstreckungsvereitelung, Gläubigerbenachteiligung

fraudulent financial reporting

Manipulation des Jahresabschlusses

free cash flow

Cashflow aus der laufenden Geschäftstätigkeit, abzüglich Investitionen und Dividendenausschüttungen

free on board (FOB)

Der Kaufpreis inkludiert die Lieferung zu einem bestimmten Ort. FOB gibt es in zwei Ausformungen, nämlich Versendungsort und Bestimmungsort (*shipping point*, *destination*). An diesen Orten findet auch der Eigentumsübergang statt.

freight-on purchases

Eingangsfrachten, auch: *freight in* oder *freight inward*

fringe benefits

Freiwilliger Sozialaufwand

full consolidation

Vollkonsolidierung

full disclosure principle

Prinzip der vollständigen Offenlegung: Eine vollständige Offenlegung ist dann gegeben, wenn die Information verständlich ist und für den Bilanzleser entscheidungsrelevant.

fully paid up capital

Voll eingezahltes Grundkapital

fully vested

Erworbener Anspruch, z.B. ein Pensionsanspruch, der auch dann gegeben ist, wenn der Berechtigte im Pensionszeitpunkt nicht mehr für den Arbeitgeber arbeitet

functional currency

Die Währung, in der ein Unternehmer den Großteil der Geschäfte abwickelt (in Rechnung stellt); insbesondere dann relevant, wenn es nicht die Landeswährung ist

funded pension plan

Pensionsverträge, die durch ein abgesondertes Fondsvermögen abgesichert sind, fondfinanziert sind, auch: *funding*

funded status of plan

Finanzierungsstatus eines Pensionsplans: Dabei wird das Fondsvermögen den Pensionsverpflichtungen gegenübergestellt.

future economic benefit

Künftiger wirtschaftlicher Nutzen, z.B. aus einer Verbesserung (*improvement*) einer Produktionsanlage

future value

Endwert: Der Endwert gibt an, welcher Wert bei einer Einlage beispielsweise mit einer Bindung von 10 Jahren bei einer Verzinsung von 8 % erreicht werden kann.

futures contract

Das Recht und die Verpflichtung, ein Aktivum zu einem bestimmten Preis innerhalb eines bestimmten Zeitraumes zu kaufen

GAAS (Generally Accepted Auditing Standards)

Grundsätze ordnungsgemäßer Abschlussprüfung

gain contingencies

Eventualforderung

gains

Gewinne, die nicht aus der ureigensten Tätigkeit eines Unternehmens resultieren (saldierte Buchung von Erlös und Restbuchwert nach US GAAP), vgl. *capital gains tax* mit reduziertem US Steuersatz

gearing

Verhältnis zwischen Eigen- und Fremdkapital

general and administrative expenses

Allgemeine und Verwaltungskosten

general journal

Journal, die chronologische Erfassung der Geschäftsvorfälle

general ledger

Hauptbuch, die Summe der Konten der Buchhaltung

general meeting

Hauptversammlung, Generalversammlung

general partner

Vollhaftender Partner im Rahmen einer Personengesellschaft, im Gegensatz zum Kommanditisten (*limited partner*), der nur mit seiner Einlage haftet

general purchasing power

Kaufkraft: Die Kaufkraft einer Währung wird mit einem Warenkorb getestet. In diesem Warenkorb befinden sich bestimmte Güter, die zu bestimmten Zeiträumen bewertet werden. Daraus resultiert ein Kaufpreisindex.

Generally Accepted Accounting Principles (GAAP)

Amerikanische Bilanzierungsvorschriften

Generally Accepted Auditing Standards (GAAS)

Prüfungsstandards (US), nicht zu verwechseln mit den Bilanzierungsstandards (GAAP, IFRS)

generation skipping transfer tax

Erhöhte Erbschafts- und Schenkungssteuer, wenn Generationen übersprungen werden (Großvater schenkt an Enkel)

gift tax

Schenkungssteuer

going concern assumption

Annahme der Unternehmensfortführung: Eine Aktivierung mit der darauf folgenden Abschreibung macht nur dann einen Sinn, wenn von der Annahme ausgegangen wird, dass das Unternehmen längere Zeit besteht. Wenn aber das Unternehmensende (Konkurs) absehbar ist, dann ist diese Annahme nicht mehr gerechtfertigt.

going concern principle

Unternehmensfortführungsfiktion, damit Buchwerte in der Bilanz fortgeführt werden können, ein Zeitraum von einem Jahr

going public

Börsengang

goodwill

Firmenwert, der entsteht, wenn für eine Beteiligung mehr gezahlt wird als der Betrag des Eigenkapitals des erworbenen Unternehmens, im Gegensatz zum negativen Firmenwert (*badwill*), wo der Erwerbspreis unter dem Wert des Eigenkapitals liegt

government assistance

Beihilfen der öffentlichen Hand

government grants

Zuwendungen der öffentlichen Hand, Subventionen

Governmental Accounting Standards Board (GASB)

Standardsetter betreffend die Bilanzierung der öffentlichen Hand (US)

grant date

Der Tag, an dem eine Aktienoption gewährt wird

grants related to assets

Zuwendungen der öffentlichen Hand für Investitionen, z.B. Investitionsanreiz, Standortabsicherung

grants related to income

Ertragsbezogene Zuwendungen, z.B. Zinszuschüsse

gross

Brutto

gross investment

Leasingforderung beim Leasinggeber, bei der Beurteilung des Leasings als Kauf

gross investment in the lease

Bruttoinvestitionswert aus dem Leasingverhältnis, Investitionssumme aus Sicht des Leasinggebers

gross method

Bruttomethode, bei der Verbuchung des Skontos beim Wareneinkauf: Der Wareneingang wird brutto erfasst und der Skonto als Ertrag. Im Gegensatz dazu die Nettomethode (*net method*), wo der Skontoertrag direkt vom Betrag des Wareneinkaufes abgezogen wird.

gross pay

Bruttolohn, Bruttogehalt

gross profit method

Bruttogewinnmethode (pauschale Vorrätebewertung) oder Deckungsbeitrag (DB I), Bruttogewinnspanne; Rohaufschlag: dann anzuwenden, wenn Vorräte mit dem Verkaufspreis bewertet werden und auf den Einkaufspreis zurückgerechnet werden muss.

gross sales

Bruttoerlöse vor Abzug von Retourwaren, Rabatte und Skonti

group

Konzern, Mutterunternehmen und vollkonsolidierte Tochterunternehmen

group and composite depreciation methods

Gemeinsame Abschreibung gleicher und unterschiedlicher Wirtschaftsgüter

group costs (management fee)

Konzernumlage

group depreciation

Gruppenabschreibung; gleichartige Güter werden gemeinsam abgeschrieben, z.B. alle PKWs eines Autoverleihers.

guarantee

Bankgarantie, Zusicherung, Bürgschaft (*surety*), im Gegensatz zur Produktgarantie im Sinne von Gewährleistung (*warranty*)

guaranteed residual value

Restwert beim Leasing, zu dem der Leasingnehmer den Leasinggegenstand kaufen kann

half-year convention

Halbjahresabschreibung in unterschiedlicher Ausformung: im Jahr der Anschaffung immer halbe Abschreibung, unabhängig vom Anschaffungszeitpunkt (US), oder im ersten Halbjahr der Anschaffung volle Abschreibung, im zweiten Halbjahr die halbe Abschreibung

hash total

Unübliches Aufsummieren von Daten: In der EDV-Verarbeitung werden beispielsweise die Sozialversicherungsnummern der Mitarbeiter aufaddiert, die nach der Verarbeitung wieder die gleiche Summe ergeben müssen, damit sicher gestellt ist, dass die Daten der Personalabrechnung vor und nach der Verarbeitung identisch sind.

hedge accounting

Sicherungsgeschäfte

hedged item

Abgesichertes Grundgeschäft, Absicherung gegen Wertschwankung (*fair value hedge*) oder unerwünschte Geldabflüsse (*cash flow hedge*)

hedging

Sicherungsgeschäft, bei Rohstoffen durch Warentermingeschäfte, bei Fremdwährungen durch Devisentermingeschäfte

held to maturity securities

Wertpapiere, die bis zur Endfälligkeit gehalten werden, nur Gläubigerwertpapiere (*debt securities*) fallen in diese Kategorie. Zur Endfälligkeit gehaltene Wertpapiere im Gegensatz zu den kurzfristigen Veranlagungen (*trading securities*) bzw. zu den „neutralen" Veranlagungen (*available for sale securities*)

hidden reserve

Stille Reserve

hire–purchase contract

Mietkaufverträge, Miete (Leasing) mit bereits vereinbarter Kaufoption

hire-purchase agreement

Eine Leasingvereinbarung mit einer Kaufoption

historical cost

Anschaffungs- oder Herstellungskosten, in der Regel der Kaufpreis (*price*), Anschaffungskosten (*acquisition price*), Herstellungskosten (*manufacturing costs*)

holdback

Rückbehalt, Einbehalt, Haftrücklage: Aufgrund einer Vertragsbestimmung wird ein Teil des Kaufpreises zurückbehalten, in der Regel bis zum Ablauf der Garantiefrist, damit gegebenenfalls eine nicht erbrachte Garantieleistung finanziert werden kann.

holding company

Eine Gesellschaft, deren Geschäftszweck im Halten von Unternehmensanteilen besteht und der damit verbundenen Kontrolle des Managements

holding gains or losses

Nicht realisierte Gewinne und Verluste bei Wertpapieren, die ergebniswirksam verbucht werden

hourly employee basis

Lohnauszahlung aufgrund einer Stundenlohnvereinbarung

hybrid securities

Derivate mit Eigenschaften von Gläubigerwertpapieren und Eigentümerwertpapieren, z.B. Wandelanleihe

IASB (International Accounting Standards Board)

Internationale Organisation zur Erstellung der IFRS

identifiable

Erkennbar, nachweisbar

idle assets

Betrieblich nicht mehr genutzte Vermögenswerte

if converted method

Die Methode zur Bewertung des verwässerten Ergebnisses je Aktie, ausgehend von der Annahme, dass alle Optionen ausgeübt werden

IFRS (International Financial Reporting Standards)

Früher: IAS (International Accounting Standards), internationale Rechnungslegungsstandards des IASB

immaterial

Unbedeutend, unwesentlich, unkörperlich (*not physical*)

impairment

Außerplanmäßige Abschreibung des Anlagevermögens dann, wenn der zukünftige erwirtschaftete Cashflow unter dem Restbuchwert liegt, anstelle des gemilderten Niederstwertprinzipes. Berücksichtigung einer Wertminderung bei Anlagevermögen

impairment test

Werthaltigkeitstest beim Firmenwert und beim Sachanlagevermögen: Eine Ungleichheit (*impairment*) liegt dann vor, wenn der mit dem Wirtschaftsgut zukünftig erwirtschaftete Cashflow unter dem Buchwert liegt, es muss dann eine außerplanmäßige Abschreibung erfolgen.

implicit interest rate

In der Leasingrate enthaltene Zinsen

implied goodwill

Impliziter Firmenwert

imprest fund

Festbestand, bei Kassen

improvements (betterments)

Verbesserung von Sachanlagevermögen, gegebenenfalls zu aktivieren

imputed costs

Kalkulatorische Kosten, z.B. Zinsen bei ausschließlich mit Eigenkapital finanzierten Unternehmen, auch: *opportunity cost*

imputed interest rate

Kalkulatorische Zinsen, Rendite, im Gegensatz zu den Nominalzinsen, zugrundegelegter Zinssatz, vergleichbarer Zinssatz, Diskontsatz

inadequacy

Wirtschaftlich begründete Abschreibung, beispielsweise für ein Gebäude, das an sich funktionsfähig ist, aber zu klein für die neue Produktionsmaschine, wörtlich: ungeeignet

inception of a lease

Beginn des Leasingverhältnisses

incidental transaction

Zufällige, beiläufige Transaktion

income

Einkommen

income accounts

Konten der Gewinn- und Verlustrechnung

income available to common stockholders

Der Teil der Dividende, der nach Auszahlung der Vorzugsdividende für die Stammaktionäre verbleibt

income before taxes

Gewinn vor Steuern, als Zwischensumme, Differenz von Ertrag und Aufwand, ausgenommen Steueraufwand

income bonds

Anleihen, bei denen Zinsen erst ausgezahlt werden, wenn das Unternehmen Gewinne ausweist

income by function

Umsatzkostenverfahren (zwingend bei GAAP), Gliederungsschema der Gewinn- und Verlustrechnung, wo vom Erlös die Herstellungskosten der verkauften Produkte abgezogen werden, im Gegensatz zum Gesamtverfahren (*income by nature*), wo sämtliche Kosten dargestellt werden, egal ob das Produkt verkauft wurde oder noch auf Lager liegt

income by nature

Gesamtkostenverfahren, Gliederungsschema der Gewinn- und Verlustrechnung

income determination

Gewinnermittlung

income from continuing operations

Ergebnis aus der laufenden Geschäftstätigkeit, im Gegensatz zum Ergebnis aus der aufgegebenen Geschäftstätigkeit, vergleichbar mit dem Ergebnis der gewöhnlichen Geschäftstätigkeit (EGT)

income from discontinued operations

Ergebnis der aufgegebenen Geschäftstätigkeit, eine eigene Position der Gewinn- und Verlustrechnung im Rahmen der internationalen Rechnungslegung. Der Bilanzleser erkennt aus der Formulierung, dass dieses Ergebnis nicht nachhaltig ist.

income from disposal of fixed assets

Erträge aus dem Abgang von Anlagevermögen

income from investments

Beteiligungserträge

income from rents and leases

Erlöse aus Vermietung und Verpachtung

income from reversal of accruals

Erträge aus der Auflösung von Rückstellungen

income related expenses

Werbungskosten, Betriebsausgaben

income statement

Gewinn- und Verlustrechnung, auch: *profit and loss account*

income tax

Ertragsteuer, auch: *corporation tax*

income tax refund receivable

Forderung an das Finanzamt

incorporation

Gesellschaftsgründung

incremental

Stufenweise, schrittweise, Steigerung eines Betrages (für Kosten, Aufwand, Investitionen, Cashflow, Erlös usw.)

incremental borrowing rate

Marginale Finanzierungskosten, im Sinne von Grenzkosten: Jener Zinssatz, den der Leasingnehmer aufzuwenden hätte, würde er anstelle des Leasing einen fremdfinanzierten Kauf durchführen

incremental method

Wenn zwei Wertpapiere beispielsweise mit einem Betrag erworben werden. Wenn für ein Wertpapier ein Marktpreis vorhanden ist, ergibt sich der Wert für das zweite Wertpapier mit dem Restbetrag.

indefinite life intangibles

Immaterielle Wirtschaftsgüter mit unbestimmter Nutzungsdauer

indefinite useful life

Unbestimmbare Nutzungsdauer

independence

Unabhängigkeit des Wirtschaftsprüfers

independent contractors

Für das Unternehmen aufgrund eines Werkvertrages Tätige

indirect costs

Gemeinkosten: Kosten, die keinen direkten Bezug zum Produkt aufweisen

indirect labor cost

Fertigungsgemeinkosten, z.B. Personalaufwand der Lagerverwaltung

indirect method

Wörtlich: indirekte Methode, Ermittlung des Cashflows durch Berücksichtigung der unbaren Einnahmen und unbaren Ausgaben

individual company financial statements

Einzelabschluss, im Vergleich zum Konzernabschluss

individual/corporate income tax

Einkommensteuer/Körperschaftsteuer

inherent risk

Dem Geschäft bzw. der Bilanzposition innewohnendes Risiko

inheritance tax

Erbschaftssteuer, auch: *estate tax*

initial franchise fee

Einmalige Franchise-Gebühr, im Gegensatz zur laufenden Gebühr

initial public offering (IPO)

Erstmaliger Börsengang mit Publikumsöffnung (im Gegensatz zum *private placement*)

input

Eingeben (EDV)

inquire

Hinterfragen (von bestimmten Sachverhalten)

insider trading

Kauf bzw. Verkauf von Geschäftsanteilen durch Angehörige der Gesellschaft

insolvent

Unfähigkeit, Schulden am Fälligkeitstag zu zahlen

instalment method (installment, US)

Methode der Gewinnrealisierung beim Ratenkauf, Ratengeschäft, Teilzahlungen (US)

insurance

Versicherung, ein Vertrag, in dem die geldmäßige Abdeckung bestimmter Verluste vereinbart wird, auch: *reimbursement*

insurance compensation

Versicherungsvergütung, auch: *reimbursement*

intangible assets

Immaterielle Vermögenswerte wie Firmenwert, Lizenzen, Markenrechte usw., im Gegensatz zu materiellen Vermögenswerten (*tangible assets*) wie das Sachanlagevermögen

intercompany profit

Zwischengewinn im Konzern

intercompany sales

Innenumsatz im Konzern

interest

Zinsen, die für geliehenes Geld gezahlt werden. Die Zinsen werden vom Ausleihungsbetrag (*principal*) berechnet.

interest cost

Finanzierungskosten, Aufwandszinsen

interest on the liability

Zinssatz für die Abzinsung z.B. einer Pensionsverpflichtung

interest rate swap

Wechselseitige Zahlungsverpflichtung basierend auf einem fixen und einem variablen Zinssatz, vereinbarter Austausch von fixen und variablen Zinsen

interim financial reporting

Zwischenberichterstattung

interim statement

Zwischenabschlüsse

internal control report

Bericht über die interne Kontrolle (Bestandteil des Jahresabschlusses von US-Aktiengesellschaften)

internal controls

Interne Kontrolle, Revision

Internal Revenue Code (IRC)

U.S. Bundessteuergesetzbuch

Internal Revenue Service (IRS)

Amerikanische Steuerbehörde, auch: *Treasury Department*

internally constructed plant and equipment

Selbsterstellte Anlagen

interpretations

Erläuterungen zu den Standards, vergleichbar mit den Kommentaren zu den Steuergesetzen

intracompany sales

Innenumsatz

intraperiod tax allocation

Aufteilung der Periodensteuer auf die einzelnen Teilergebnisse, nach dem Grundsatz, dass die Steuern dem Einkommen nachfolgen. Es wird die Steuer vom Ergebnis der laufenden Tätigkeit, vom Ergebnis der aufgegebenen Tätigkeit, vom a.o. Ergebnis und vom Ergebnis aufgrund der Änderung der Bilanzierungsmethoden abgezogen. Mit anderen Worten: Der Steueraufwand ist nicht gesondert ausgewiesen.

intrinsic value method

Die Differenz zwischen Marktpreis einer Aktie und dem in der Option eingeräumten „niedrigeren" Kaufpreis, wörtlich: innewohnender Wert, z.B. Marktpreis € 40, Optionspreis € 28, Wert € 12. Methode zur Bewertung von Aktienoptionen im Gegensatz zur Verkehrswertmethode (*fair value method*)

inventoriable costs

Herstellungskosten, im Gegensatz zu nicht aktivierungsfähigen Kosten (*period expenses*)

inventories

Vorräte: Die Vorräte werden eingeteilt in Rohmaterial (*raw material*), Halbfabrikate (*work in process*), Fertigfabrikate (*finished goods*) und Handelswaren (*merchandise*).

inventory count

Körperliche Bestandsaufnahme der Vorräte, Inventur

inventory equation

Inventurgleichung wie folgt: Anfangsinventur + Zugang – Entnahmen = Inventurendbestand; für Zugang *purchases*, für Entnahmen *cost of goods sold*

inventory tag

Inventurzettel (bei Zählung)

inventory turnover

Lagerumschlag der Vorräte, auch: *inventory turnover rate*

investee

Emittent von Wertpapieren, Aktien

investing activities

Wörtlich: Investitionsaktivitäten, Geldzufluss und Geldabfluss während eines Jahres beim Anlagevermögen, Teil der Kapitalflussrechnung; Geldzu- und -abfluss durch Veräußerung bzw. Anschaffung von Anlagevermögen

investment allowance

Steuerfreibetrag für Investitionen

investment tax credit

Investitionszuschuss durch Steuerermäßigung

investments

Beteiligungen, Hinweis: enge Bedeutung, nur für Investitionen im Finanzanlagevermögen bzw. Reservegrundstücke

investor

Käufer von Wertpapieren bzw. Aktien

invoice

Rechnung

involuntary conversion

Unfreiwilliger Untergang eines Sachanlagevermögens, beispielsweise durch Feuer, Überschwemmung, Diebstahl, vgl. höhere Gewalt

irregular items

Irreguläre (ungewöhnliche) Positionen: Solche Positionen sollen in der Gewinn- und Verlustrechnung gesondert ausgewiesen werden. Hier geht es um aufgegebene Geschäftsbereiche, a.o. Ergebnisse, Fehlerberichtigungen und Änderungen der Bilanzierungsmethoden.

irrevocable

Unwiderrufbar

issued shares

Ausgegebene Aktien; eigene Aktien (*treasury stock*) sind zwar ausgegeben, aber nicht im Umlauf (*outstanding*) befindlich.

itemize

Aufgliedern, einzeln anführen

job order cost system

Kalkulation nach Einzelaufträgen

journal

Chronologische Erfassung aller Buchungsvorgänge

journal voucher

Buchungsbeleg als Grundlage für die Verbuchung

judgement sampling

Zufallsstichproben, im Gegensatz zu *statistical sampling*

junk bond

Schundanleihen sind Anleihen mit einem hohen Risiko, auf der anderen Seite werden hohe Zinsen, in der Regel über 15 % pro Jahr, geboten.

just-in-time inventory

Ein Unternehmen kauft Vorräte erst im Zeitpunkt der Produktion, damit gibt es keinen Vorrätebestand.

kiting

Scheckreiterei: Z.B. ein Unternehmen hat zwei verschiedene Bankkonten, in Hamburg und in München. Der Buchhalter behebt für private Zwecke (Unterschlagung) 50.000 vom Konto in München. Zur Verschleierung stellt er am 30. Dezember einen Scheck aus, Bezogener ist die Hamburger Bank, und reicht diesen Scheck am selben Tag (Gutschrift 30. Dezember) in München ein. Die Abbuchung in Hamburg erfolgt am 3. Jänner.

land acquisition tax

Grunderwerbsteuer

lapping (accounts receivable)

Veruntreuung nach folgendem Muster: Ein Zahlungseingang für eine Forderung wird widerrechtlich entnommen und der nächstfolgende Zahlungseingang wird für die ursprüngliche Forderung verwendet. Der dann dritte Zahlungseingang wird für die Abdeckung der zweiten Forderung verwendet usw.

lapse

Erlöschen, auslaufen: für Gewährleistungsfristen, Fristen für den Skontoabzug usw.

large stock dividend

Die Dividende wird in Form von jungen Aktien ausgezahlt. Ein großer (*large*) Betrag ist dann gegeben, wenn die jungen Aktien mehr als 20–25 % der alten Aktien betragen.

last-in, first-out (LIFO) method

Die zuletzt eingekauften Waren wurden zuerst verkauft. Annahme der Verbrauchsfolge (*cost flow assumptions*) bei der Bewertung der Vorräte

late filing penalty

Verspätungszuschlag

late payment penalty

Säumniszuschlag

layer

Schichten (von Warenbeständen), insbesondere dann von Bedeutung, wenn die Schichten unterschiedliche Anschaffungskosten haben

lease

Miete

lease term

Leasingdauer, im Gegensatz zur Nutzungsdauer des Gegenstandes

leasehold

Mietbesitz, Pachtbesitz: die Berechtigung des Leasingnehmers, das Leasinggut zu benutzen, im Gegensatz von Eigentum (*ownership*)

leasehold improvement

Investitionen in Mietobjekten

ledger

Hauptbuch, mit der systematischen Erfassung des Buchungsstoffes im Gegensatz zum Journal, wo der Buchungsstoff chronologisch erfasst wird.

left column

Sollseite, auch: *debit* (dr)

legal (statutory) reserves

Gesetzliche (satzungsmäßige) Rücklagen, Teil der Gewinnrücklage

legal and professional fees

Rechts- und Beratungskosten

legal capital

Gesetzlich vorgeschriebenes Grundkapital, Mindestkapital, das vom Gesetzgeber vorgegeben wird

legal liability

Gesetzliche Verantwortung

legal reserves

Gesetzliche Rücklagen

lessee

Mieter, Leasingnehmer

lessor

Vermieter, Leasinggeber

letter of inquiry

Anwaltsschreiben, wörtlich: Auskunftsbrief

leveraged buyout

Management oder Mitarbeiter kaufen die Aktien des eigenen Unternehmens und finanzieren den Kauf mit Krediten, die durch die Aktiva des Unternehmens besichert werden; *leveraged*: mit Fremdkapital finanziert.

levy

Steuer erheben, vorschreiben

liabilities

Verbindlichkeiten

liability gains and losses

Gewinne und Verluste durch die Erhöhung oder Reduzierung der Pensionsrückstellung, verursacht durch Veränderung der Sterblichkeitsrate, der Fluktuation und der Gehälter

liable to tax

Steuerpflichtig

lien

Pfandrecht

life annuity

Leibrente

like kind exchange

Tausch gleichartiger Vermögenswerte, z.B. Lkw gegen Lkw, besondere Form des Tausches (*non monetary exchange*)

limited liability

Beschränkte Haftung für Aktionäre, die nicht mehr als den Kaufpreis für die Aktien verlieren können. Beschränkte Haftung, *limited liablility company* (LLC) im übertragenen Sinn: GmbH

limited life

Bestimmbare Nutzungsdauer

limited life intangibles

Immaterielle Wirtschaftsgüter mit begrenzter Nutzungsdauer

limited partner

Nicht voll haftender Partner einer Personengesellschaft

line items

Bilanzposten

line of credit

Kreditlinie, Kreditrahmen, Obergrenze für Kontokorrentkredit

liquidating dividends

Grund- und Stammkapital wird als Dividende ausgeschüttet, d.h. Dividenden stammen nicht aus Gewinnen, vergleichbar mit Kapitalherabsetzung

liquidation

Liquidation eines Unternehmens

loan

Darlehen

loan originating fees

Geldbeschaffungskosten für Darlehen

local currency

Landeswährung, im Gegensatz zur Währung, in der die Geschäfte abgewickelt werden (*functional currency*)

long term debt

Langfristige Verbindlichkeit

long term investments

Langfristige Investitionen, wobei Investitionen sich auf Wertpapiere beziehen bzw. auf Anlagegüter, die nicht im Betrieb verwendet werden, z.B. Reservegrundstücke. Nicht betroffen ist damit das Sachanlagevermögen.

long term liabilities

Langfristige Verbindlichkeiten: Dabei ist langfristig ein Zeitraum von über einem Jahr.

long term notes payable

Langfristige Wechselverbindlichkeiten

loophole

Gesetzeslücke, die der Gesetzgeber nicht gewollt hat, im Zusammenhang mit dem Ausnützen steuerlicher Vorteile

loss

Verlust, vgl. *profit and loss*

loss absorption

Verlustausgleich, Verlustabdeckung, Verlustübernahme

loss allocation

Verlustzuweisung

loss carryback

Verlustrücktrag

loss carryforward

Verlustvortrag

loss contingencies

Eventualverbindlichkeiten bzw. Rückstellungen

low value items

Geringwertige Wirtschaftsgüter

Obergrenze bei:	D	€ 410	je Wirtschaftsgut
	A	€ 400	je Wirtschaftsgut
	US	$ 25.000	p.a. insgesamt

lower (floor) limit

Untergrenze beim Preis vom Absatzmarkt, retrograde Bewertung der Vorräte am Absatzmarkt, ausgehend vom vergleichbaren Konkurrenzprodukt bzw. vom Preis, der am Markt realisierbar ist, abzüglich der Vertriebskosten und abzüglich der Gewinnspanne (GAAP)

lower of cost or market (LCM)

Bewertung der Vorräte nach dem „strengen" Niederstwertprinzip, wobei die Anschaffungs- oder Herstellungskosten (*cost*) mit Preisen am Absatzmarkt und Beschaffungsmarkt verglichen werden. Am Beschaffungsmarkt ist es der Einkaufspreis (*replacement costs*), am Absatzmarkt ist es der Verkaufspreis, bei dem einmal die Vertriebskosten abgezogen werden, um die Obergrenze zu erhalten (*ceiling*); wenn zusätzlich noch die Gewinnspanne abgezogen wird, erhält man die Untergrenze (*floor*). Der mittlere dieser drei Marktwerte wird dann mit den Anschaffungs- bzw. Herstellungskosten verglichen, der niedrigere von diesen beiden Beträgen wird für die Bewertung herangezogen (GAAP).

lower of cost or market method

Bewertungsmethode der Vorräte, vgl. „strenges" Niederstwertprinzip

lump sum (basket) purchase

Kauf in Pausch und Bogen

lump sum price

Kaufpreis in Pausch und Bogen

lump sum sales

Pauschbetrag, Einmalzahlung, Aktienverkäufe mit unterschiedlichem Nominale zu einem Gesamtpreis (*lump sum*); z.B. 100 Aktien mit Nominale 10 und 80 Aktien mit Nominale 13 um einen Gesamtpreis von 60.000

machinery and equipment

Maschinen und maschinelle Anlagen

maintenance

Wartungskosten, im Gegensatz zu Verbesserungen (*improvement*), die in der Regel die Nutzungsdauer verlängern. Im Gegensatz zu Reparaturen (*repairs*) wird die Wartung in regelmäßigen Abständen durchgeführt und zwar unabhängig davon, ob ein Schaden eingetreten ist.

maintenance and repairs

Instandhaltung und Reparaturen

major repairs

Aktivierungspflichtige Reparaturen, im Gegensatz zu werterhaltenden Reparaturen (*ordinary repairs*), auch: *overhaul*

make-or-buy decision

Eine Entscheidung des Unternehmens, ob ein Produkt selbst hergestellt oder eingekauft wird

maker (of note) (of check)

Aussteller eines Wechsels, eines Schecks, auch: *drawer*

management letter

Mitteilung des Wirtschaftsprüfers an das geprüfte Unternehmen über Prüfungsfeststellungen

management's discussion and analysis

Lagebericht, als Teil des Jahresabschlusses

managerial accounting, management accounting

Kostenrechnung, im Gegensatz zu *financial accouting*: Rechnungswesen

manufacturing cost

Herstellungskosten, auch: *production cost*

manufacturing overhead

Fertigungsgemeinkosten

margin

Spanne, Marge

margin of profit

Gewinnspanne

marginal cost

Grenzkosten

marginal tax rate

Jener Prozentsatz, um den Steuersatz steigt, wenn die Höhe des Einkommens steigt, im Gegensatz zum Durchschnittssteuersatz (*average tax rate*), der auf den Gesamtbetrag des Einkommens angewendet wird

markdown

Preisreduzierung, Abwertung, Preisnachlässe, die z.B. im Abverkauf gegeben werden

market (for lower of cost or market)

Börsen oder Marktpreis im Verhältnis zum Buchwert. Nach dem „strengen“ Niederstwertprinzip ist auf einen niedrigeren Marktpreis abzuwerten, wobei gleichzeitig der Beschaffungsmarkt und der Absatzmarkt zu berücksichtigen ist (US).

market feasibility

Marktreife, Markttauglichkeit, Zeitpunkt für Aktivierung von Entwicklungsaufwand (*development*)

markup

Gewinnaufschlag, Differenz zwischen Einkaufspreis und Verkaufpreis, auch: *markon*

matching principle, matching convention

Aufwands- und Ertragsverknüpfung als Prinzip der Rechnungslegung, Berücksichtigung von Aufwand erst in jener Periode, in der auch der Ertrag bewirkt wird, vgl. Realisationsprinzip, z.B. Rückstellung für nicht konsumierten Urlaub, Aufwand korrespondiert mit Mehrleistung

material overheads

Materialgemeinkosten

materiality

Wesentlichkeit: Unwesentliche Beträge brauchen entweder nicht aktiviert bzw. nicht im Anhang erwähnt werden. Die Wesentlichkeit wird in der Regel bei Beträgen vorliegen, die mehr als 5% des Gewinnes ausmachen. Die Wesentlichkeit bei geringwertigen Wirtschaftsgütern ist im Steuerrecht mit € 410 (D) oder mit € 400 (A) festgelegt.

maturity date

Endfälligkeitszeitpunkt

maturity value

Wert am Fälligkeitstag, beinhaltet den gestundeten Betrag zuzüglich Zinsen.

mean per unit

Durchschnitt

measurement

Bewertung, Verfahren zur Bestimmung von Geldbeträgen zur Erfassung im Jahresabschluss

measurement date

Wörtlich: der Tag, an dem gemessen wird, bezogen auf die Bewertung von Aktienoptionen, wenn die Anzahl der Aktienoptionen und der Kaufpreis feststeht, manchmal in Übereinstimmung mit dem Tag der Optionseinräumung (*grant date*). Manchmal auch ein späterer Tag, wenn die Anzahl bzw. die Preise variabel sind

memo account

Statistische Buchung, Evidenzkonto

merchandise

Handelswaren, als Position bei den Vorräten

merchandise inventory

Handelswareninventur

merchandising business

Handel, als Gegensatz von Erzeugung (*manufacturing*) oder Dienstleistung (*service business*)

merchandising turnover

Lagerumschlag betreffend Waren, auch: *inventory turnover*

merger

Verschmelzung, Fusion

minimum capital

Mindestkapital

minimum lease payments

Der Anteil der Leasingrate, der auf den Kaufpreis des geleasten Wirtschaftsgutes bezogen ist

minimum liability

Mindestpensionsrückstellung ausgehend von aktuellen Gehältern, für den Fall, dass die Pensionsverpflichtung höher ist als das Fondsvermögen (*underfunding*)

minority interest

Minderheitenanteil am Eigenkapital und am Gewinn einer voll konsolidierten Tochtergesellschaft (*subsidiary*), wenn Beteiligungsausmaß unter 100 %

minutes

Protokoll

minutes book

Vorstandsprotokolle, Aufzeichnung der Beschlüsse

misappropriation of assets

Unterschlagung von Vermögensgegenständen

miscalculate

Fehler

miscellaneous

Verschiedenes, Diverses

miscellaneous expense

Verschiedene/diverse Aufwendungen

misstatement

Falsche Angabe, falsche Darstellung im Jahresabschluss

modified perpetual inventory system

Permanente Inventur, Soll-Inventurbestand laut Lagerbuchführung: Wird mindestens einmal im Jahr mit dem Ist-Bestand laut körperlicher Inventur verglichen.

monetary items

Geld bzw. geldnahe Finanzpositionen, z.B. Forderungen, Verbindlichkeiten

more likely than not

Wahrscheinlichkeit über 50%

mortality rate table

Sterbetafel, Sterblichkeitstabelle (Versicherungsmathematik)

mortality table

Sterbetafeln, die statistische Lebenserwartung für die Berechnung der Pensionsverpflichtungen

mortgage
Hypothek

mortgage notes payable
Hypothekarisch besicherte Wechselverbindlichkeit

mortgages payable
Hypothekardarlehen, grundbücherlich besichertes Schuldverhältnis

moving average method
Gleitender Durchschnittspreis bei der Inventurbewertung; nach jedem Zugang wird ein neuer Durchschnittspreis errechnet.

multiple step income statement
Mehrstufige Darstellung der Gewinn und Verlustrechnung: Nachdem es keine einheitlichen Gliederungsvorschriften gibt, sind sowohl ein einstufiges (*single-step*) als auch ein mehrstufiges Verfahren vorgesehen.

municipal bond
Anleihen, die von Ländern oder von Städten gegeben werden, möglicherweise sind Zinsen steuerfrei (US)

natural business year
Wirtschaftsjahr, als Gegensatz zum Kalenderjahr; oftmals wird deswegen vom Kalenderjahr abgewichen, weil zu bestimmten Zeitpunkten während des Jahres ein niedrigerer Inventurbestand gegeben ist.

natural classification
Gliederungsschema der Gewinn- und Verlustrechnung nach Aufwandarten, z.B. Material, Löhne, Abschreibung, Versicherung, Steuern usw. Als Gegensatz zur Gliederung nach Erfolgskomponenten wie Betriebserfolg, Finanzerfolg usw. (*functional classification*).

natural resources
Bodenvorräte, z.B. Bergbau, Öl, Mineralien, Holz

negative confirmation
Saldenbestätigung mit Rückantwort bei festgestellter Differenz, ohne Rückantwort wird die Richtigkeit der Forderung angenommen

negative goodwill (badwill)
Negativer Firmenwert, der dann vorliegt, wenn der Kaufpreis unter dem Wert des Eigenkapitals des erworbenen Unternehmens liegt

negligence

Fahrlässigkeit

negotiable

Übertragbar mittels Indossament (*endorsement*), üblicherweise für Scheck und Wechsel

net

Netto

net income

Jahresüberschuss, auch: *(net) profit* oder *earnings*

net method

Bei der Nettomethode wird beim Wareneinkauf der Skonto direkt vom Einkaufspreis abgezogen.

net of tax reporting

Ausweis von Zwischensummen in der Gewinn- und Verlustrechnung nach Steuern: Nach dieser Methode wird der Steueraufwand nicht gesondert ausgewiesen, sondern bei den Zwischensummen Betriebsergebnis, Finanzergebnis usw. abgezogen. Nach US GAAP erforderlich für: Ergebnisse aufgegebener Geschäftsbetriebe, außerordentliches Ergebnis, Ergebnisberücksichtigung für frühere Perioden

net operating loss

Negatives Betriebsergebnis

net operating profit

Betriebsergebnis

net pay

Nettolohn, Nettogehalt nach Abzug von Steuer und Sozialversicherung

net periodic pension cost

Nettopensionsaufwand

net present value

Abgezinster Barwert aller Geldzu- und -abflüsse eines Projektes mit einem vorgegebenen Zinssatz

net proceeds

Diskontierter Betrag, z.B. nach dem Verkauf des Wechsels

net realizable value

Bei Forderungen und Vorräten jener Betrag, von dem angenommen wird, dass er in Geld realisiert wird. Nettorealisationswert; retrograder Wert bei der Bewertung der Herstellungskosten von Vorräten, nach der *lower of cost or market method*, erzielbarer Preis (*price*) am Absatzmarkt abzüglich noch anfallender Vertriebskosten (*disposal*), vgl. *ceiling*

net realizable value less a normal profit margin

Der Nettorealisationswert abzüglich einer Gewinnspanne ergibt die Untergrenze (*floor*) des Wertes am Absatzmarkt.

net sales

Nettoerlöse, nach Abzug von Retouren und Erlösminderungen

neutrality

Bilanzobjektivität

nil (risks are virtually nil)

Null (Risiken sind praktisch gleich null.)

no par

Stückaktie, ohne Nominale (*nominal value, par value*)

no par stock

Stückaktie, im Gegensatz zu Aktien mit einem angegebenen Nominalwert. Stückaktien werden mit ihrem Ausgabepreis bilanziert, daher gibt es in diesem Zusammenhang keine Kapitalrücklage (*additional paid in capital*)

nominal accounts

Erfolgskonten: die Konten der Gewinn- und Verlustrechnung werden auch als *temporary accounts* bezeichnet.

nominal rate

Nominalverzinsung, auch: *stated rate* oder *face rate*

non taxable

Nicht zu versteuern

non vested benefits

(Pensions-)Zusagen ohne Rechtsanspruch

noncancelable

Unkündbar, z.B. Leasingverträge, die nicht aufgekündigt werden können

noncompensatory plans

Aktienoptionen für Mitarbeiter, die keinen Gehaltsbestandteil darstellen, im Sinne einer Mitarbeiterbeteiligung

noncontributory pension plan

Die Pensionskosten werden ausschließlich vom Unternehmen getragen, die Arbeitnehmer selbst leisten keine Beiträge.

noncurrent (noncurrent assets)

Langfristig (Anlagevermögen)

nondeductible expenses

Nicht abzugsfähiger Aufwand

nonmonetary assets

Sachgüter

nonprofit corporation

Nicht gewinnorientierte Kapitalgesellschaft, gemeinnützige Kapitalgesellschaft

nonreciprocal transfers

Erwerb ohne Gegenleistung, z.B. Geschenk (*donation, gift*)

nonrecurring

Nicht wiederholbar, bezieht sich auf ein Ereignis im Unternehmen, von dem anzunehmen ist, dass es nicht wieder passieren wird, außerordentliches Ereignis (*extraordinary*)

nontrade receivables

Jene Forderungen, die nicht mit dem Verkauf von Waren oder Dienstleistungen zusammenhängen, wie zum Beispiel Gehaltsvorschüsse, Anzahlungen, Ausleihungen, Forderungen an Versicherungsgesellschaften, Guthaben beim Finanzamt

normal spoilage

Kosten durch fehlerhafte Produkte, Teil der Herstellungskosten

not for profit corporations

Gemeinnützige Unternehmen, nicht auf Gewinn ausgerichtet

notary public

Notar

notes (to the financial statement)

Anhang, z.B. Beschreibung der Bilanzierungs- und Bewertungsmethoden bzw. Erläuterung der Bilanz und Gewinn- und Verlustrechnung, erforderlicher Teil des Jahresabschlusses

notes payable

Wechselverbindlichkeiten

notes receivable

Wechselforderungen

notional amount

Referenzbetrag bei Derivaten

number crunching

Zahlen verarbeiten

numerator, denominator

Zähler, Nenner in der Bruchrechnung, z.B. Eigenkapitalrentabilität = Gewinn x 100 : Eigenkapital

objectives of financial reporting

Ziele der Berichterstattung, z.B. Grundlage für Finanzentscheidungen

obligation

Verbindlichkeit, Schuld, Verpflichtung, Schuldverschreibung

observation

Überwachung, z.B. der Inventuraufnahme

obsolescence

Wirtschaftlich wertloses Anlagevermögen durch technologische Veränderungen oder Prozessumstellungen im Unternehmen, Abschreibung wegen technischer Überalterung

off balance instruments

Finanzinstrumente, die nicht bilanziert werden

off balance sheet financing

Der Versuch, ausgeborgtes Geld nicht beim Mutterunternehmen als Verbindlichkeit auszuweisen. Der Kreditnehmer ist dann ein nicht konsolidierungspflichtiges Tochterunternehmen. Finanzierungskosten, die nicht in der Bilanz ersichtlich sind, beispielsweise auf Grund von Leasinggeschäften

onerous contracts

Belastete Verträge, d.h. kontrahierte Verluste aus schwebenden Geschäften, die Kosten bei Vertragserfüllung sind höher als der wirtschaftliche Nutzen

open items, open account

Offen stehende Beträge, noch nicht ausgeglichene Positionen

opening balance

Anfangssaldo

opening balance sheet

Eröffnungsbilanz

operating activities

Wörtlich: Betriebstätigkeit, bezogen auf den Cashflow, Geldzufluss und Geldabfluss im Umlaufvermögen und in den kurzfristigen Verbindlichkeiten. Gewöhnliche Geschäftstätigkeit, Teil der Kapitalflussrechnung, die Aufschluss über Herkunft bzw. Verwendung des Cashflows gibt

operating cycle

Der Maßstab für die Bestimmung von „kurzfristig". In der Regel eine Periode von einem Jahr, in Ausnahmefällen auch länger. Die Zeit wird bestimmt vom Zeitpunkt des Ankaufes von Rohstoffen, der Verarbeitungsdauer, der Lagerdauer und der Debitorendauer. Dort, wo ein Alterungsprozess zur Produktionsdauer gehört (Weinbau), kann die „kurzfristige" Periode mehr als zwölf Monate betragen.

operating leasing

Miete, insbesondere jene Leasinggeschäfte, die nicht zu aktivieren sind. Mietleasing im Gegensatz zum Kaufleasing (*capital lease*)

operating profit (loss)

Betriebsergebnis

operating segment

Unternehmensteil, der aus der Sicht der Geschäftsführung einer besonderen Ergebnisverantwortung unterliegt, vgl. *segment reporting*, betrifft Umsatz, Betriebsergebnis und Anlagevermögen

opinion

Prüfungsurteil (des Wirtschaftsprüfers), Bestätigungsvermerk (*unqualified opinion*: uneingeschränkter Bestätigungsvermerk)

option

Terminvereinbarung, die den Erwerber berechtigt, aber nicht verpflichtet, die Option auszuüben

option to capitalize

Aktivierungswahlrecht

order book

Auftragsbuch

ordinary annuity

Eine Rückzahlungsrate, die jeweils am Ende der Periode fällig ist, im Gegensatz zu einer am Beginn der Periode fälligen Rückzahlungsrate (*annuity due*)

ordinary business result

Ergebnis der gewöhnlichen Geschäftstätigkeit

ordinary repairs

Reparaturaufwand

organizational costs

Gründungskosten, auch: *start up activities*, für diese gilt generelles Aktivierungsverbot

original cost

Anschaffungskosten, ursprüngliche Kosten, auch: *acquisition cost*

other comprehensive income

Nicht realisierte Gewinne (Verluste) im umfassenden Gewinn (Verlust) nach US GAAP, Aufwände und Erträge, die nicht in der Gewinn- und Verlustrechnung erfasst werden, sondern das Eigenkapital erhöhen oder reduzieren, auch: Neubewertungsrücklage

other long-term employee benefits

Andere langfristig fällige Leistungen für Arbeitnehmer

out of court settlement

Außergerichtlicher Vergleich

out-of-stock cost

Verluste, die dadurch entstehen, wenn Kunden aufgrund eines fehlenden Lagerbestandes nicht beliefert werden konnten bzw. Kunden dadurch verloren wurden

output

Ausdruck (EDV)

outside director

Ein Boardmitglied, das nicht für das ständige Geschäft zuständig ist, sondern Überwachungsaufgaben hat. Da im Boardsystem überwachende und geschäftsführende Personen gemeinsam tätig sind, ist eine Unterscheidung vorzunehmen. Für die geschäftsführenden Mitglieder wird oft der Begriff *officer* (*CEO*) verwendet.

outstanding

Unausgeglichen, offen stehend, nicht eingezahlt, unbezahlt, auch: *unpaid, uncollected*

outstanding shares

Im Umlauf befindliche Aktien, ohne Berücksichtigung eigener Aktien (*treasury shares*)

over the counter

Außerbörslicher Handel von Wertpapieren

overdraft

Kontoüberziehung

overestimate

Überschätzen

overheads, overhead costs

Laufende Kosten, Gemeinkosten, z.B. Material-Fertigungsgemeinkosten

overtime

Überstundenaufwand

overtime earnings

Überstundenvergütung

overtime rate

Überstundenzuschlag

own work capitalized

Aktivierte Eigenleistungen

owners' (stockholders') equity

Eigenkapital, bestehend aus dem Grund- bzw. Stammkapital (*capital stock*), der Kapitalrücklage (*additional paid in capital*) und dem unverteilten Gewinn (*retained earnings*) bzw. Neubewertungsrücklage (*comprehensive income*) und mit einem negativen Vorzeichen den eigenen Aktien (*treasury shares*)

ownership

Eigentümer

paid leave accrual

Rückstellung für nicht konsumierte Urlaube

par value

Nennbetrag, Nominalwert

par (stated) value method

Nominalwertmethode, nach der eigene Aktien mit dem Nominale bewertet werden und der Differenzbetrag zum Kaufpreis entweder bei den Gewinnrücklagen oder bei den Kapitalrücklagen im Soll gebucht wird

par value stock

Aktie mit Nominalwert

parent

Muttergesellschaft, die eine Beteiligung über 50 % hält; Mutterunternehmen, setzt ein Tochterunternehmen (*subsidiary*) voraus

partially funded

Teilweise fundiert, bezieht sich auf Pensionsverpflichtungen, die nur teilweise mit einem abgesonderten Vermögen gedeckt sind.

partially vested

Teilweise erworbene Ansprüche, insbesondere bezogen auf Pensionszusagen

participants

Begünstigte

participating dividend

Vorzugsaktionäre erhalten neben der Vorzugsdividende noch am verbleibenden Gewinn neben den Stammaktionären Gewinnanteile

participating preferred stock

Vorzugsaktien, die neben der garantierten Dividende auch am Restgewinn anteilsmäßig mit den Stammaktionären mitbeteiligt sind

partner general

Komplementär

partner limited

Kommanditist

partner silent

Stiller Gesellschafter

partner's drawing

Entnahmen, in der Regel Zahlungen an einen Partner einer Personengesellschaft, dargestellt mit einer Sollbuchung auf seinem Kapitalkonto

partnership

Personengesellschaft, z.B. Offene Handelsgesellschaft, Kommanditgesellschaft

pay as you earn

Quellenabzugsteuer (Lohnsteuer, Kapitalertragsteuer)

payable

Zahlbar, aber nicht notwendigerweise fällig oder überfällig

payback period

Zeitraum, der verstreicht, bevor der Geldzufluss einer Investition die Anschaffungskosten übersteigt

payee

Zahlungsempfänger, im Gegensatz zum Zahlungsverpflichteten (*payor*)

payout ratio

Verhältnis von Dividende zu Gewinn, z.B. wenn 20% des Gewinnes ausgeschüttet werden

payroll

Liste aller Arbeiter und Angestellten mit dem Lohn- und Gehaltsaufwand

payroll deduction

Gehaltsabzüge, einbehaltene Lohnsteuer und Sozialabgaben

payroll register

Lohnkonten

payroll taxes

Lohnsteuer

pending contracts

Schwebende Geschäfte, z.B. Auftrag, Bestellung

pension fund

Pensionsfonds, abgesondertes Vermögen, aus dem die Pensionen finanziert (gezahlt) werden

pension plans

Pensionspläne, mit den Ausformungen beitragsorientiert (*defined contribution*) oder leistungsorientiert (*defined benefit*)

per books

Buchwert, auch: *book value*

percentage

Prozentsatz

percentage depletion

Substanzabschreibung in Prozenten vom Erlös; das amerikanische Steuerrecht erlaubt beispielsweise eine Abschreibung von 5 bis 22 % vom Erlös

percentage of completion method

Teilgewinnrealisierung nach Fertigstellungsgrad, Methode zur Bewertung halbfertiger Erzeugnisse bei langfristiger Fertigungsdauer, im Gegensatz dazu die *completed contract method*, mit Gewinnrealisierung am Ende der Fertigung

percentage of receivables approach

Für die Wertberichtigung von Forderungen wird jener Prozentsatz geschätzt, mit dem die Forderung uneinbringlich wird, z. B. mit 2 % vom Forderungsbetrag, im Gegensatz dazu die Wertberichtigung abhängig von der Überfälligkeit (*aging schedule*).

percentage of sales approach

Wertberichtigung von Forderungen mit einem Prozentsatz des Erlöses: Diese Betrachtung aus der Gewinn- und Verlustrechnung verknüpft mit dem Erlös den zukünftigen Forderungsausfall im Sinne des *matching prin-*

ciples, z.B. 2 % vom Erlös. Die andere Betrachtung (*percentage of receivable approach*) geht von der Bilanz aus und schätzt die Einbringlichkeit der Forderung.

percentage statement

Prozentbilanz

performance

Ertragskraft, Leistung, Wertentwicklung, gemessen an einem Standard, z.B. (ROI) *return on investment*

period costs

Periodenkosten, Verwaltungsgemeinkosten und Vertriebsgemeinkosten, fixe Kosten einer Periode und zwar unabhängig von der Produktionsmenge

periodic inventory system

Stichtagsinventur. Im Gegensatz zur permanenten Inventur (*perpetual inventory system*), die nicht stichtagsbezogen durchgeführt wird.

In diesem System bleibt auf dem Inventurkonto lediglich die Eröffnungsbilanz, die Wareneinkäufe werden als Materialaufwand verbucht. Am Bilanzstichtag wird der Inventurwert ermittelt und der Bestand des Vorrätekontos entsprechend adaptiert.

periodicity assumption

Annahme der Periodengewinnermittlung: Die Ergebnisse werden entweder monatlich, quartalsweise oder jährlich ermittelt.

permanent difference

Differenz zwischen dem handelsrechtlichen und dem steuerlichen Bilanzansatz, die sich in der Folge nicht mehr umdreht, im Gegensatz zur vorübergehenden (*temporary*) Differenz, die für die Ermittlung der latenten Steuern relevant ist

permanent establishment

Betrieb, Betriebsstätte

permanent file

Dauerakt des Wirtschaftsprüfers, im Gegensatz zu den Arbeitspapieren, die die laufende Arbeit dokumentieren (*working papers*)

perpetual inventory system

Erste Bedeutung: permanente Inventur ausgehend von einer Lagerbuchführung wird während des Jahres der Soll-Bestand der Lagerbuchhaltung mit dem Ist-Bestand der tatsächlichen Inventuraufnahme verglichen. Am Bilanzstichtag wird dann der Inventurbestand laut Lagerbuchführung für den Bilanzansatz verwendet

Zweite Bedeutung: anstelle einer Lagerbuchführung werden auf dem Konto Wareneinsatz bzw. Materialaufwand zwei Bewegungen erfasst, nämlich einmal der Einkauf und dann der Verkauf. Beim Verkauf erfolgen zwei Buchungen. Einmal wird die Forderung eingebucht und dann wird Warenabgang erfasst. Auf diese Weise hat man alle Warenbewegungen des Jahres auf dem Konto erfasst. Wenn man noch den Anfangsbestand vom Vorrätekonto dazuzählt, dann ergibt sich der rechnerische Endbestand der Vorräte.

perpetuity

Immerwährend, lebenslänglich

petty cash

Portokassa

physical deterioration

Wertminderung beim Sachanlagevermögen durch technische Abnutzung, im Gegensatz zur wirtschaftlichen (*inadequacy*) Abnutzung

physical verification

Körperliche Bestandsaufnahme durch den Wirtschaftsprüfer, bezogen auf Vorräte und Anlagevermögen

piecemeal acquisition

Schrittweiser Anteilserwerb

piecework basis

(Die Höhe der Vergütung ist) abhängig von der Produktivität.

plan amendment

Änderung einer bestehenden Pensionszusage, wörtlich: Planänderung

plan assets

Veranlagtes Vermögen eines Pensionsfonds: Das Fondsvermögen erhöht sich um die erwirtschafteten Erträge und vermindert sich um die ausbezahlten Pensionen.

plant

Werk, Fabrik, Betrieb, Maschinenpark, meist im Zusammenhang mit *property plant equipment* für Sachanlagevermögen

plant assets

Sachanlagevermögen, auch: *fixed assets*, beinhaltet Grundstücke, Gebäude, Maschinen, Werkzeuge

pledged

Verpfändet, auch: *collateral* für Sicherheit

pledging of receivables

Verpfändung einer Forderung

plug, plugging

Indirekte Ermittlung bestimmter Beträge z.B. des Wareneinsatzes = Anfangsbestand + Zukäufe – Endbestand

point of sale

Zeitpunkt des Eigentumsübergangs, maßgeblich für die Gewinnrealisierung, auch: *title to goods transfers from seller to buyer*

population

Gesamtzahl, aus der Stichproben gezogen werden (Grundgesamtheit)

portfolio of securities

Gemeinsame Bewertung (saldiert) eines Bestandes an Wertpapieren, z.B.

Wertpapier	Buchwert	Tageswert	Differenz
A	100	120	20
B	140	110	– 30
C	80	105	25
aggregated cost	320	335	15

positive confirmation

Saldenbestätigung mit verpflichtender Rückantwort

possible

Möglich (aber nicht wahrscheinlich), auch: *reasonable possible*, Eintrittswahrscheinlichkeit eines Verlustes nach US GAAP zwischen 50 und 75 %, mit der Folge, dass keine Rückstellung zu bilden ist, sondern nur eine Anhangsangabe erfolgen muss; gilt nicht für IFRS!

post

Buchen, auch: *record entries*

post closing trial balance

Saldenbilanz, nach Vornahme aller Umbuchungen

posting

Übertragung vom Journal auf Hauptbuchkonten (im Zeitalter der EDV kein zusätzlicher Arbeitsschritt)

post-statement events

Wesentliche Ereignisse, die sich auf den Jahresabschluss beziehen, sich aber erst nach dem Bilanzstichtag bis zur Veröffentlichung des Jahresabschlusses ereignen

potential common stock

Mögliche zusätzliche Aktien durch Ausübung von Aktienoptionen

practical capacity

Maximale Auslastung, Obergrenze der Beschäftigung

preceding/previous year

Vorjahr

precision

Treffsicherheit für Annahmen, basierend auf Stichproben zu finden in folgenden Formulierungen: Aufgrund der Stichproben sind wir zu 95 % sicher, dass die genauen Beträge in einer Bandbreite (*precision*) von 12.100–12.500 liegen.

predecessor

Vorhergehender Wirtschaftsprüfer, im Verhältnis zum nachfolgenden (*successor*) Wirtschaftsprüfer

predictive value

Relevant für den Bilanzleser sind Informationen dann, wenn daraus Schlüsse für die zukünftige Entwicklung gezogen werden können, wörtlich: prognosefähig

preemptive right

Bezugsrechte bei zukünftigen Kapitalerhöhungen, Bezugsrechte für junge Aktien

preference as to assets

Das Recht von Vorzugsaktionären, im Falle einer Liquidation Erlöse vor den Stammaktionären zu erhalten

preferred dividends in arrears

Vorzugsdividenden auf Wartetaste: Wenn nach Verlustjahren wieder Dividenden ausgeschüttet werden, wird bei der Vorzugsaktie die in den Verlustjahren nicht ausgeschüttete Dividende (*in arrears*) nachgeholt.

preferred stock, shares

Vorzugsaktien, im Gegensatz zu Stammaktien (*common stock*), mit dem Unterschied in den Stimmrechten (*right to vote*) und Dividendenansprüchen

premium

Agio (z.B. beim Kauf einer Aktie oder Anleihe), auch: Aufgeld, im Gegensatz zum Disagio, Kaufpreis höher als Nominalwert

premiums

Prämien zur Kundenbelohnung, vergleichbar mit Gutscheinen

prepaid expense

Vorausgezahlte Aufwendung, aktive Rechnungsabgrenzung

prepaid income

Vorausgezahlte Erträge, Vorauszahlungen

HINWEIS: kein Erlös (*revenue*), solange die Lieferung oder Leistung nicht erbracht worden ist

present value

Barwert: Ein Betrag von 10.000, der im Jahr 2012 fällig ist, hat heute abgezinst einen niedrigeren Barwert.

pretax financial income

Gewinn vor Steuern

price earnings ratio

Kurs-Gewinnverhältnis (KGV), Kaufpreis der Aktie im Verhältnis zum Gewinn je Aktie. Mit anderen Worten: bei einem KGV von 10 beträgt der Kaufpreis der Aktie das zehnfache des Gewinnes je Aktie.

prices skyrocket

Preise, die in die Höhe schießen

primary financial instruments

Originäre Finanzinstrumente (Bilanzposition), im Gegensatz zu abgeleiteten (derivativen) Finanzinstrumenten, die Absicherungsinstrumente

prime cost

Die Summe der Einzelkosten, Materialeinzelkosten und Fertigungseinzelkosten

prime rate

Zinssatz für Kreditnehmer erstklassiger Bonität

principal

Nennwert, Nominale, der ausgeborgte Betrag

principal auditor

Der Wirtschaftsprüfer, der die Gesamtverantwortung für einen Prüfungsauftrag hat, insbesondere dann, wenn Tochtergesellschaften in anderen Ländern von anderen Wirtschaftsprüfern geprüft werden

principles of accounting

Bilanzierungsgrundsätze. Die Bilanzierungsgrundsätze betreffen z.B. die Bilanzansätze, den Zeitpunkt der Gewinnrealisierung, die Verknüpfung von Aufwand und Ertrag (*matching*) und die Verpflichtung zur vollständigen Offenlegung (*full disclosure*).

principles of consolidation

Konsolidierungsgrundsätze, auch: *concept, basis, essence* für Grundsätze

prior period adjustments

Fehlerkorrektur aus Vorperioden, z.B. Einbuchung von Betriebsprüfungsergebnissen. Bilanzberichtigung, Korrektur von Vorjahreswerten

prior period service cost

Dienstzeitaufwand vor Pensionszusage

prior service cost

Kosten aufgrund der Nachbesserung bestehender Pensionsverträge

pro rata consolidation

Quotenkonsolidierung, wenn beispielsweise an einem Tochterunternehmen zwei Mutterunternehmen mit jeweils 50 % beteiligt sind

probability proportional to size

Stichproben nach der Größe gewichtet, wörtlich: gewichtete Wahrscheinlichkeit

probable

Wahrscheinlicher Eintritt eines Verlustes und daher Rückstellungsbildung, Eintrittswahrscheinlichkeit bei IFRS über 50 %, bei US GAAP über 75 %

proceeds

Einnahmen aus der Veräußerung von Aktivposten oder aus der Emission von Wertpapieren

processing

Verarbeiten (EDV)

product costs

Herstellungskosten, auch: *manufacturing costs*

product liability provision

Produkthaftrückstellung

production method (depreciation)

Abschreibungshöhe, abhängig von der Produktanzahl bzw. bei Kraftfahrzeugen von der Anzahl der gefahrenen Kilometer, auch: *units-of-production method*

profit

Gewinn, Überschuss der Erträge über die Aufwendungen. Alternative Begriffe: *gain, return, dividend, interest, yield, proceeds, earnings, revenue, income, surplus, excess*

profit and loss

Gewinn und Verlust

profit and loss account

Gewinn- und Verlustrechnung, auch: *income statement*

profit and loss sharing

Gesellschaftsvertragliche Vereinbarung bei Personengesellschaften über Aufteilung von Gewinn und Verlust

profit brought forward

Gewinnvortrag

profit margin on sales ratio

Umsatzrentabilität

profitability

Rentabilität

projected benefit obligation

Pensionsverpflichtung zum künftigen Gehaltsniveau, im Gegensatz dazu die Rückstellungsbildung ausgehend vom Gehaltsniveau am Bilanzstichtag (*accumulated benefit obligation*)

projected unit credit method

Methode zur Pensionsberechnung auf Basis künftiger Ansprüche, zur Ermittlung der Pensionsverpflichtung, Pensionsrückstellung (*projected benefit obligation*)

promissory note

Wechsel (*I promise to pay…*)

proof of journal

Überprüfung der rechnerischen Übereinstimmung von Soll- und Habenbeträgen im Journal

property dividends

Keine Geldauszahlung, sondern Sachen werden als Dividende ausgegeben

property, plant and equipment

Sachanlagevermögen. Beinhalten Grundstücke, Gebäude, Maschinen, Betriebs- und Geschäftsausstattung, Fahrzeuge usw.

proportionate consolidation

Quotenkonsolidierung, bei Joint Ventures, wenn zwei Beteiligte jeweils 50 % Anteile haben

proprietors equity

Eigenkapital bei Einzelunternehmen und Personengesellschaften, auch: Eigentum (*proprietorship*)

prorate

Anteilsmäßige Verteilung, z.B. Verteilung der Revisionskosten nach Zeitaufwand auf die einzelnen Gesellschaften im Konzern

prospective changes

Bewertungsänderungen, die erst in folgenden Perioden Auswirkungen zeigen

provision

Rückstellung, wobei Rückstellungen nach US GAAP Teil der Verbindlichkeiten (*liabilities*) sind

provision for contingent losses
Rückstellung für drohende Verluste

provision for environmental commitments
Rückstellung für Umweltlasten

provision for expected losses from pending transactions
Rückstellung für drohende Verluste aus schwebenden Geschäften

provision for income tax
Steuerrückstellung

provision for severance payments
Abfertigungsrückstellung (A)

provision for warranties
Rückstellung für Gewährleistung bzw. Garantie

provisions, accrued liability, accruals
Rückstellungen (nach US GAAP meist: „*contingent liabilities*"), *contingent*: abhängig von einem zukünftigen Ereignis, z.B. Prozessausgang

proxy
Vollmacht, auch: *power of attorney*

prudence
Vorsichtsprinzip, Gläubigerschutz, sorgfältige Schätzung

Public Limited Company
Aktiengesellschaft

punitive damages
Ideeller Schadensersatz, wörtlich: strafend (*punitive*)

purchase allowance
Gutschrift für mangelhafte Lieferung: Der Käufer behält die Ware unter der Voraussetzung einer Preisreduktion.

purchase commitments
Kaufverpflichtungen, Bestellung, Kaufauftrag, als schwebendes Geschäft nicht gebucht, möglicherweise Verlustrückstellung bei fallenden Einkaufspreisen (*onerous contract*)

purchase discounts

Skontoabzug beim Wareneinkauf

purchase method

Erwerbsmethode bei der Kapitalkonsolidierung, Kaufpreis der Beteiligung in Relation zum Eigenkapital der Tochtergesellschaft

purchase order

Bestellung: ein Dokument, das vom Käufer ausgestellt wird und den Lieferanten berechtigt, zu liefern

put

Verkaufsoption für einen bestimmten Zeitraum zu einem vorgegebenen Preis, im Gegensatz dazu Kaufoption (*call*)

put option

Der Berechtigte hat die Option, z.B. Aktien zu einem festgelegten Preis zu verkaufen

qualified opinion

Eingeschränkter Bestätigungsvermerk, im Gegensatz zum uneingeschränkten Bestätigungsvermerk: *unqualified opinion*

qualified pension plan (US)

Pensionsvereinbarungen in Übereinstimmung mit dem Steuergesetz, was bedeutet, dass der Pensionsaufwand steuerlich abzugsfähig ist, die Erträge des Pensionsfonds selbst aber steuerfrei bleiben

quarter

Quartal

quick assets

Vermögensteile, die rasch zu Geld gemacht werden können, z.B. Forderungen, marktfähige Wertpapiere, leicht veräußerbare Vorräte

quick ratio

Summe liquider Mittel (Geld, Forderungen, veräußerbare Vorräte und Wertpapiere), dividiert durch die kurzfristigen Verbindlichkeiten, auch: *acid test ratio*

random number sampling

Nach Zufallsprinzip ausgewählte Stichproben: Dafür gibt es Zufallstafeln oder eine beliebige Seite des Telefonbuches

random start

Startzahl, für den Beginn der Stichproben

rate of return on common stock equity

Verhältnis von Gewinn zu Eigenkapital, z.B. beträgt der Gewinn 12 % des gesamten Eigenkapitals

ratio

Verhältnis, z.B. Gewinn je Aktie (*earnings per share*)

raw materials

Rohstoffe, als Teil der Vorräte

raw materials inventory

Rohmaterialinventur

real accounts

Bestandskonten der Bilanz, auch: *permanent accounts*, im Gegensatz zu den Erfolgkonten (*nominal or temporary accounts*) der Gewinn- und Verlustrechnung

real estate tax

Grundsteuer, auch: *property tax, council tax* (GB)

real estate transfer tax

Grunderwerbsteuer

real property (real estate)

Immobilien

real time audit

Der Prüfungszeitraum nach dem Bilanzstichtag

realizable (revenue)

Gewinnrealisierung, zu Geld machen, in der Regel im Zeitpunkt des Eigentumsüberganges, abhängig vom Geldzufluss

realizable value

Bei einer Veräußerung erzielbarer Wert, auch: *fair value* oder *net realizable value*

rearrangement and reinstallation costs

Kosten der Umstellung, beispielsweise die Kosten der Neuanordnung von Maschinen zur Verbesserung des Produktionsablaufes

reasonable assurance

Angemessene Sicherheit, ein Maßstab für den Wirtschaftsprüfer

reasonable possible (contingency)

Rückstellungen sind lediglich im Anhang (*notes*) darzustellen und zwar immer dann, wenn bei GAAP das Risiko mehr als 50 %, maximal 75 % beträgt. In wörtlicher Übersetzung: begründete Möglichkeit

receipt

Empfangsbestätigung, Quittung oder Geldeinnahme

receivables (accounts receivable)

Forderungen, *trade*: aufgrund von Lieferungen und Leistungen

receivables turnover ratio

Anzahl der Forderungsumschläge pro Jahr. Gibt es z.B. sechs Forderungsumschläge pro Jahr, dann ist die Forderungsdauer zwei Monate.

reclassification

Umgliederung von Wertpapieren (von *available for sale* zu ...), Umgliederung in Bilanz und G+V, gilt insbesondere für Vorjahreszahlen, bei Änderung im Ausweis

reclassification adjustment

Ausbuchung aus dem *other comprehensive income*. Wenn beispielsweise ein *available-for-sale*-Wertpapier mit einem Buchwert von 80 auf 90 aufgewertet wird, ist im *comprehensive income* ein Betrag mit 10 ausgewiesen.

Wenn dieses Wertpapier um 100 verkauft wird, ist in der Gewinn- und Verlustrechnung ein Gewinn mit 20 ausgewiesen, daher wird das *comprehensive income* um 10 reduziert (*adjustment*).

recognition

Erfassung, Berücksichtigung eines Geschäftsfalles

recompute

Nachrechnen

reconciliation

Abstimmung von Beträgen, von Konten usw.

recoverability test

Dieser Test zeigt, ob der Buchwert in den zukünftigen erwirtschafteten Cashflows Deckung findet. Falls die zukünftigen erwirtschafteten Cashflows niedriger sind als der Buchwert, liegt ein Ungleichgewicht (*impairment*) vor, was zu einer außerplanmäßigen Abschreibung führt.

recoverable amount

Erzielbarer Betrag, Rückgewinnungswert (Nutzwert oder Nettoveräußerungspreis, falls höher)

recovery of bad debts

Eingang von bereits ausgebuchten/wertberichtigten Forderungen

recycling

Ausbuchung aus der Neubewertungsrücklage nach IFRS

redeemable

Einlösbar, rückzahlbar

redeemable preferred stock

Vorzugsaktie mit Rückgaberecht

redemption

Tilgung, Abzahlung oder Rückzahlung, auch Rückkauf von Aktien oder Anleihen (*retirement*)

refunding

Tilgung einer Anleihe durch Emittierung einer neuen Anleihe

register

Eintragen, chronologische Aufzeichnung (Journal), Register, Verzeichnis, auch: zulassen (ein Auto) oder einschreiben (Brief)

registered bonds

Namensanleihen, die mittels Indossament übertragen werden können

related party

Nahestehende Person im Gegensatz zu einem unabhängigen Dritten; Verdeckte Gewinnausschüttung (*constructive dividend*) mit nahestehenden Personen, es sei denn, die Verträge werden mit Konditionen abgeschlossen, die auch mit außenstehenden Dritten angewendet werden

release a reserve

Rücklage auflösen

relevance

Relevanz: Eine Information ist für den Bilanzleser dann relevant, wenn diese seine Entscheidung beeinflusst

reliability

Verlässlichkeit: Eine Information ist dann verlässlich, wenn sie wertfrei erfolgt und eine tatsächliche Existenz repräsentiert; Bilanzwahrheit und Bilanzvollständigkeit

remeasurement method

Zeitbezugsmethode für Währungsumrechnung im Rahmen der Konsolidierung, für nichtmonetäre Bilanzposten erfolgt die Umrechnung mit den damaligen (historischen) Kursen, im Gegensatz zur Stichtagskursmethode (*current rate method*)

remittance

Überweisung

remote

Sehr unwahrscheinlich, Eintrittswahrscheinlichkeit für Verluste unter 50 %, daher keine Bildung einer Rückstellung und auch keine Anhangangabe

rent

Miete, Pacht, auch: *lease, charter, let, hire*

replacement cost

Wiederbeschaffungskosten im Rahmen der Bewertung nach *lower of cost or market*, vgl. strenges Niederstwertprinzip für Wertansatz von Halb- und Fertigfabrikaten, Preise am Beschaffungsmarkt

replacement reserve

Rücklage für Ersatzbeschaffung

replacement

Ersatz, z.B. Strohdach durch Ziegeldach

report form

Bilanzdarstellung in Staffelform, Bilanzgliederung, in einer Kolonne beginnend mit Aktiva minus Passiva, mit dem Saldo Eigenkapital. Im Gegensatz dazu die Bilanzdarstellung in Form eines T-Kontos (*account form*).

reportable conditions

Prüfungsfeststellungen

reporting enterprise
Berichterstattendes Unternehmen

reporting units
Geschäftsbereiche

repossession
Eigentumsvorbehalt

representation letter
Vollständigkeitserklärung des geprüften Unternehmens gegenüber dem Wirtschaftsprüfer, mit dem Inhalt, dass der Jahresabschluss alle Vermögenswerte und Schulden enthält

reproduction cost
Wiederherstellungskosten

research activities
Forschungsaktivitäten

research and development costs
Forschungs- und Entwicklungskosten, wobei die Forschung die Grundlagenforschung (*research*) ist, während die Entwicklung (*development*) bereits produktbezogen durchgeführt wird

reserve a provision
Rückstellung auflösen

reserve for investment allowances
Rücklage für Investitionsfreibeträge

reserve for treasury stock
Rücklage für eigene Aktien

reserve/provision for bad/doubtful debts
Wertberichtigung von zweifelhaften Forderungen, Delkredererückstellung

reserves
Rücklagen, als Teil des Eigenkapitals

residual value
Schrottwert, Restwert eines Wirtschaftsgutes nach Abschreibung, auch: *scrap, salvage value*

restatement

Korrektur vergangener Jahreabschlüsse

restatement method

Rückwirkende Änderung von Bilanzierungsgrundsätzen, die aber ausnahmsweise nicht erfolgswirksam, sondern erfolgsneutral durch Korrektur des Gewinnvortrages durchgeführt wird. Die Gewinnveränderung wird nach Steuern (*after tax*) dargestellt.

restoration costs

Kosten der Wiederherstellung, Wiederaufforstung, insbesondere im Zusammenhang mit der Substanzabschreibung

restricted cash

Abgesonderte Geldbeträge, beispielsweise für die Portokasse, die Gehaltsauszahlung oder für Dividendenauszahlungen. Bei kleineren Beträgen bedeutet dies, dass es zwei Kassen gibt, die parallel geführt werden, bei größeren Beträgen wird es zu einem gesonderten Bilanzausweis kommen, auch *imprest account*.

restricted retained earnings

Eine Gewinnrücklage, die nicht für eine Ausschüttung bestimmt ist, auch: *appropriated retained earnings*

retail inventory method

Der Inventurwert wird ausgehend vom Verkaufspreis abzüglich Rohaufschlag (*cost percentage*) ermittelt.

retained earning, appropriated

Jener Teil der Gewinnrücklage, der nicht ausgeschüttet werden kann, z.B. eine gesetzliche Rücklage oder eine satzungsmäßige Rücklage

retained earnings

Noch nicht ausgeschütteter Gewinn, Gewinnrücklage und Jahresgewinn

retirement benefit plans

Altersversorgungspläne

retroactive

Rückwirkend, rückwirkende Korrektur (*prior period adjustment*) eines Bilanzansatzes bei Änderung von Bilanzierungsmethoden, z.B. Vorrätebewertung von LIFO auf FIFO geändert, Verrechnung gegen Gewinnrücklage

retroactive benefits

Rückwirkende Verbesserungen von Pensionsverträgen, die nicht sofort aufwandswirksam werden, sondern erst verteilt über die Restarbeitszeit

retroactive changes

Bewertungsänderungen der Vergangenheit, die zu einer Berichtigung der Eröffnungsbilanz (Korrektur der Gewinnrücklage) führen

returnable cash deposits

Zurückzahlbare Kautionen

returns and allowances

Retouren und Nachlässe

revaluation

Aufwertung, auch: *enhancement*

revenue bonds

Anleihen, bei denen Zinsen aus vorgegebenen Quellen ausgezahlt werden; z.B. bestimmte Steuern, Flughafengebühren

revenue recognition

Erlösbuchung, Ertragseinbuchung, zum Unterschied von *realize*: realisieren, d.h. Geldzufluss

revenues

Erträge, auch: *yields, earnings, income*

reverse a reserve

Eine Rücklage auflösen

reverse an accrual

Eine Rückstellung auflösen

reversing (reversal) entries

Umbuchungen im Sinne von „stürzen" von aktiver und passiver Rechnungsabgrenzung; auch: Stornobuchungen

reversing difference

Differenz zwischen handelsrechtlichem und steuerlichem Bilanzansatz, die sich in der Folge wieder umdreht, führt zu latenten Steuern, auch: *temporary difference*

revision

Korrektur

right column

Habenseite, auch: *credit* (cr)

roll over basis

Buchwertfortführung

round up

Aufrunden

royalty

Lizenzgebühr, Patentgebühr, Tantiemen, oftmals bemessen am Erlös

Rutgers Accounting Web

Unter www.rutgers.edu/Accounting findet man die wichtigsten Rechnungsweseninformationen (US)

safety stock

Mindestbestand an Vorräten

salaries and wages

Gehälter und Löhne

salary allowance

Unternehmerlohn, Unternehmervergütung im Rahmen einer Personengesellschaft als Teil der Gewinnverrechnung

sale on credit

Verkauf auf Ziel

sales allowance

Gutschrift, Preisnachlass für nicht ordnungsgemäß gelieferte Produkte

sales basis of revenue recognition

Erlöseinbuchung, Gewinnrealisierung im Zeitpunkt des Eigentumsübergangs

sales discounts

Skonto, vgl. *cash discounts*

sales returns and allowances

Erlösminderungen in Folge von Rückgabe, Preisminderungen in Folge von Reklamation. Im Sinne des *matching principles* ist dieser Aufwand verknüpft mit dem Erlös.

sales type lease

Finanzierungsleasing, als Ausformung des Kaufleasing (*capital lease*). Bezeichnung für Leasinggeber, der gleichzeitig Produzent des Leasinggegenstandes ist, z.B. Automobilproduzent verleast Kraftfahrzeuge, im Gegensatz zum *finance lease*, wo der Leasinggeber das Kraftfahrzeug selbst kaufen muss

sales warranty approach

Gegen Bezahlung wird die ursprüngliche Garantiefrist verlängert. In diesem Fall hat der Verkäufer eine zusätzliche Garantie zu berücksichtigen.

salvage value

Schrottwert, auch: *scrap value*, Untergrenze für Abschreibung

sampling interval

Stichprobenabstand, z.B. jede 40. Ausgangsrechnung wird geprüft

scheduling

Zeitplan für die Umkehr temporärer Differenzen bei Ermittlung latenter Steuern

scope limitation

Eingeschränkte Prüfungsumfänge durch Behinderung

scope of audit

Prüfungsumfang

scrap value

Schrottwert, auch: *salvage value*. In bestimmten Fällen wird bei Wirtschaftsgütern des Anlagevermögens ein Schrottwert angesetzt.

scrip dividends

Verzögerte Gewinnauszahlung: Die spätere Auszahlung ist häufig durch einen Wechsel abgesichert.

secret reserve

Stille Reserve, auch: *hidden reserve*

section 179 expensing (US)

Geringwertige Wirtschaftsgüter, $ 25.000 Jahresbetrag

secured bonds

Anleihen, die besichert sind, z.B. durch Hypotheken oder Pfänder

Securities and Exchange Commission (SEC)

Amerikanische Börsenaufsichtsbehörde, mit Einflussnahme auf das Standardsetting von US GAAP

securitization

Sicherheitsleistung für langfristige Forderungen in Form von Hypotheken (*mortgage*), Pfand (*collateral* oder *lien*) oder Eigentumsvorbehalt (*retention of title*), Verbriefung von Forderungen und Verbindlichkeiten

security

Wertpapier, Unterscheidung in Eigentümer- (*equity*) und Schuldnerwertpapier (*debt*)

segment assets

Anlagevermögen, das einem Segment zugeordnet wird

segment reporting

Segmentberichterstattung, Filetierung der Gewinn- und Verlustrechnung mit den Inhalten: Umsatz, Betriebsergebnis, der Bilanz bezogen auf ... Anlagevermögen, Verbindlichkeiten

segment revenue

Segmenterträge, sowohl Außen- wie Innenumsätze

self assessment

Selbstveranlagung

self constructed assets

Aktivierte Eigenleistungen

self insurance

Selbstversicherung: Es ist keine echte Versicherung, sondern eine Risikoannahme. Eine Rückstellungsbildung ist nicht möglich, denn dann wäre eine Aufwandsrückstellung gegeben. Es erfolgt lediglich eine Darstellung im Anhang.

self-sustaining foreign operation

Eine ausländische Tochtergesellschaft, die finanziell und wirtschaftlich unabhängig von der Muttergesellschaft ist, was bedeutet, dass die Muttergesellschaft lediglich jenem Kursrisiko ausgesetzt ist, welches die eigene Beteiligung betrifft

selling expenses

Vertriebskosten, Verkaufskosten

separate legal existence

Rechtsfähigkeit einer Gesellschaft, Trennung von Eigentümer und Gesellschaft, z.B. kann eine Gesellschaft nur dann Grundstücke erwerben, wenn sie rechtsfähig ist

serial bonds

Anleihen, die auf Raten zurückgezahlt werden

service cost

Dienstzeitaufwand (Pensionsrückstellung)

service period

Dienstzeit, z.B. für die Verteilung des Aufwands aufgrund einer Aktienoption auf die verbleibende Dienstzeit

set-off

Aufrechnung, Saldierung, Kompensation, bei Forderungen und Verbindlichkeiten, die gleichartig sind

settle net

Ausgleich auf Nettobasis

settlement

Übereinkommen, Liquidierung, Abrechnung

settlement rate

Der Zinssatz, mit der eine Pensionsverpflichtung abgezinst wird dann, wenn die Pensionsverpflichtung beispielsweise auf eine Versicherungsgesellschaft übertragen wird

settlement value

Erfüllungsbetrag, bei Veräußerung erzielbarer Wert, gemeiner Wert

settlements

Übertragung von Pensionsverpflichtungen

setup

Jene Zeitspanne und jene Kosten, die erforderlich sind, um eine Produktionsanlage in Betrieb zu nehmen

share in profits of partnerships

Gewinnanteile von Personengesellschaften

share premium

Kapitalrücklage (GB)

shareholders' meeting

Hauptversammlung, Gesellschafterversammlung

shareholders' (stockholders') equity

Eigenkapital

shipment

Lieferung, Versand, Transport

shortfall

Fehlbetrag

shrinkage

Schwund, wenn der rechnerische Inventurbestand höher ist als der tatsächliche Inventurbestand

shutdown cost

Jene Kosten, die anfallen, nachdem die Produktion eingestellt worden ist, Kosten der Schließung

significant influence

Maßgeblicher Einfluss, als handelsrechtliches Kriterium für eine Beteiligung, in der Regel bei Anteilen zwischen 20 und 50 %, im Gegensatz zum beherrschenden Einfluss für ein verbundenes Unternehmen (*controlling influence*)

simple interest

Die einfachen Zinsen im Gegensatz zu den Zinseszinsen (*compound interest*)

sinking fund

Gekennzeichnete Vermögensteile, die bestimmt sind für die Rückzahlung von Anleihen bzw. langfristigen Verbindlichkeiten, aktivseitige Besicherung einer Schuld des Unternehmens

slide

Stellenwertfehler, Buchung mit 69,40 anstatt mit 694,00; vergleiche dazu: Ziffernsturz (*transposition error*)

small (ordinary) stock dividends

Wenn bei einer Dividende in Aktien die neu ausgegebenen Aktien weniger als 20–25 % der Altaktien betragen, dann spricht man von kleiner im Gegensatz zur großen Kapitalerhöhung (*large stock dividends*).

social security contributions

Sozialversicherungsbeiträge

sole proprietorship

Einzelunternehmen

solvency

Zahlungsfähigkeit, im Gegensatz zur Zahlungsunfähigkeit (*insolvency*)

solvent

Zahlungsfähig

special depreciation

Sonderabschreibung

special journals

Spezialjournale, z.B. für Kasseneingänge, Erlöse

special purpose entities

Zweck- und Objektgesellschaften für *off balance sheet financing*, in der missbräuchlichen Form mit geringer Beteiligung (5 %), hoher Verschuldung, Bürgschaft des Mutterunternehmens, keiner Konsolidierung, damit Schulden nicht ersichtlich werden, oder Auslagerung verlustbringender Unternehmensteile zur Verschönerung der Mutterergebnisse (Stichwort: ENRON)

specific goods pooled LIFO approach

Eine LIFO-Methode, die von Warengruppen (*pool of a similar nature*) ausgeht

specific identification

Identitätspreisverfahren zur Bewertung des Inventurbestandes, andere Verfahren sind gleitender/gewogener Durchschnittspreis, FIFO und LIFO

spot price

Kassakurs, Tageskurs

standards of auditing

Prüfungsgrundsätze

standby cost

Kosten, die anfallen, auch wenn der Betrieb eingestellt wird, beispielsweise Vermögenssteuer, Grundsteuer (*property tax*)

start up costs

Kosten der Produkteinführung, auch: *start up activities*, die einem allgemeinen Aktivierungsverbot unterliegen

stated rate

Nominalverzinsung (Anleihezins)

stated value

Angegebener Wert, der nicht einem echten Wert entspricht, z.B. Stückaktie

stated, coupon, or nominal rate

Nominalverzinsung

statement of account

Kontoauszug

statement of changes in equity

Eigenkapitalveränderungsrechnung, eine Entwicklung vom 1.1. bis zum 31.12. aller Positionen des Eigenkapitals, im Aufbau vergleichbar mit dem Anlagenspiegel

statement of other comprehensive income

Darstellung des *other comprehensive income* (US GAAP), Darstellung des umfassenden Eigenkapitals

statement of retained earnings

Vergleichbar mit dem Anlagenspiegel, wird die Veränderung der Gewinnrücklage während des Jahres dargestellt; z.B. erhöhen Gewinne die Gewinnrücklage und Dividenden reduzieren dieses.

statement of stockholders equity

Eigenkapitalveränderungsrechnung: Notwendiger Bestandteil des Jahresabschlusses, vergleichbar mit dem Anlagenspiegel, der die Veränderung während des Jahres beim Anlagevermögen aufzeigt.

statements of cash flows

Kapitalflussrechnung. Ausgehend von einer Bewegungsbilanz wird in der Kapitalflussrechnung die Verwendung des Cashflows für Investitionen, Kredittilgung, Ausschüttungen usw. dargestellt.

statutory tax rate

Tarifsteuersatz (im Gegensatz zum Effektivsteuersatz)

step acquisitions

Schrittweiser Beteiligungserwerb, auch: *piecemeal acquisition*

step up (of hidden reserves)

Aufdeckung (stiller Reserven), Aufstockung

stock appreciation rights

Aktienoptionen, die vom Unternehmer als Gehaltsbestandteil bestimmten Arbeitnehmern gewährt werden. Damit ist der Arbeitnehmer berechtigt, eine bestimmte Anzahl von Unternehmensaktien zu einem bestimmten Preis vom Unternehmen zu kaufen, auch: *stock options*.

stock dividends

Anstelle von Geld werden junge Aktien des Unternehmens als Dividende ausgezahlt

stock issuance costs

Emissionskosten von Aktien oder Anteilen, zu Lasten der Kapitalrücklage zu buchen

stock option

Aktienoptionen für Mitarbeiter, die berechtigt sind, Aktien des Unternehmens vom Unternehmen zu einem vorgegebenen Preis innerhalb einer vorgesehenen Periode zu kaufen. Der damit zusammenhängende Aufwand beim Unternehmen ist als Gehaltsaufwand zu sehen.

stock option plans

In Mitarbeitervereinbarungen ausformulierte Aktienoptionen als Gehaltsbestandteil

stock redemption

Einziehung von Aktien oder Anteilen

stock right

Aktienbezugsrechte für Altaktionäre bei Kapitalerhöhungen

stock split

Aktiensplitt (Aufteilung), z.B. 1.000 Aktien zu 100 Nominale werden aufgeteilt in 2.000 Aktien zu 50 Nominale. Die Aufteilung reduziert den Nominalwert und damit verbunden den Kaufpreis.

stock subscriptions

Aktienzeichnung, angezahlte Aktien

stock/shares

Aktien, allgemein: Gesellschaftsanteile

stockholders' (owners') equity

Eigenkapital

storage

Speichern (EDV)

straight line

Lineare (Abschreibung) im Gegensatz zur degressiven, beschleunigten (*accelerated*) Abschreibung

stratifying

Schichtung der Gesamtmenge, aus der Stichproben gezogen werden

strike (exercise) price

Preis im Zeitpunkt der Ausübung einer Kaufoption, z.B. bei *stock options*: Mitarbeiterbeteiligung

Subchapter S Corporation

Eine Kapitalgesellschaft, die nach amerikanischem Steuerrecht wie eine Personengesellschaft besteuert wird

subordinated

Nachrangige Forderung, immer dann, wenn es bevorrechtete Forderungen gibt, auch: *junior*

subscribed stock

Vorkaufsrecht auf Aktien

subsequent events

Ereignisse nach dem Bilanzstichtag, von Relevanz für den Wirtschaftsprüfer

subsidiary

Verbundenes Unternehmen, bei mehr als 50 % Beteiligung, auch: *affiliation*

subsidiary ledger

Personenkonto, beispielsweise Debitoren- bzw. Kreditorenkonto als Unterkonto eines Hauptbuchkontos

subsidies

Subventionen, auch: *grants*

subsidized out of public funds

Investitionszuschüsse aus öffentlicher Hand, subventioniert

substance over form

Wirtschaftliche Betrachtungsweise, Begriff aus dem Steuerrecht: Für die steuerliche Beurteilung ist der wirtschaftliche Gehalt maßgeblich und nicht die zivilrechtliche Gestaltung, z.B. *capital lease*, Leasing, das zu aktivieren ist, gleichsam Kauf.

substantive testing

Belegprüfung

subtotal

Zwischensumme, vgl. *grand total*: Endsumme

successor

Nachfolgender Wirtschaftsprüfer

sufficient

Genügende (Prüfungsnachweise)

sum-of-the-years' digits method

Beschleunigte Abschreibung, degressive Abschreibung: Nach dieser Methode müssen die Jahre zusammengezählt werden, z.B. bei fünfjähriger Nutzungsdauer (5 + 4 + 3 + 2 + 1), ergibt die Summe der Jahre 15. Im ersten Jahr werden dann 5/15 abgeschrieben, im zweiten Jahr 4/15 und so weiter.

sundry

Sonstige

supervisory board

Aufsichtsrat

supervisory boards emoluments

Aufsichtsratsvergütungen

supplementary information

Zusätzliche Informationen im Anhang

supplier

Lieferant

suppliers with debit balances

Debitorische Kreditoren, Sollsaldo auf dem Kreditorenkonto

supplies

Hilfs- und Betriebsstoffe

surplus

Gewinnrücklage oder Kapitalrücklage

survey of work performed

Erhebung des Arbeitsfortschrittes für die Teilgewinnrealisierung (*percentage of completion method*) bei Halb- und Fertigerzeugnissen, Bewertung der Vorräte

suspense account

Wartekonto, vorläufiges Konto, bis ein Sachverhalt für die endgültige Buchung geklärt ist oder steuerlich wirksam wird, z.B. Vorsteuerabzug

swap

Vereinbarung zwischen zwei Parteien zur Zahlung, z.B. zur Absicherung von Zinsen (*interest rate swap*)

T-account

T-Konto mit der Soll- und Haben-Seite: Auch die Bilanz kann in Form eines T-Kontos aufgestellt werden, im Gegensatz zur Staffelform (*report form*).

tainting

Zweifel an der Beibehaltungsabsicht (wörtlich: Beschmutzung); ein Wertpapier wird entgegen der Absicht, es bis zur Endfälligkeit zu behalten (*held to maturity*), veräußert

take or pay contract

Eine Vereinbarung zwischen Käufer und Verkäufer, in der sich der Käufer verpflichtet, für eine Option auf die Produkte einen Geldbetrag zu zahlen; inhaltlich eine Kaufverpflichtung mit einer unbedingten Zahlungsverpflichtung

tangible assets

Materielle Wirtschaftsgüter, z.B. Sachanlagevermögen, im Gegensatz zu immateriellen Wirtschaftsgütern (*immaterial, intangible*)

tax

Steuer

tax accrual

Steuerrückstellung

tax advantage

Steuervorteil

tax allowance

Steuerfreibetrag

tax assessment

Steuerbescheid

tax audit

Betriebsprüfung, im Gegensatz zur Wirtschaftsprüfung (*audit*)

tax auditor

Betriebsprüfer

tax avoidance

Steuervermeidung

tax base of an asset or liability

Steuerlicher Wert eines Vermögens bzw. einer Schuld, Bewertung nach Steuergesetz

tax basis of assets and liabilities

Steuerlicher Buchwert für Vermögensgegenstände und Schulden im Verhältnis zum handelsrechtlichen Buchwert (*book value*). Bei Unterschieden resultiert daraus eine latente Steuer. HINWEIS: In der internationalen Rechnungslegung errechnen sich die latenten Steuern aus den Unterschieden bei den Bilanzpositionen.

tax bracket

Steuergruppe, Steuerstufe

tax break

Steuerbegünstigung

tax consultants

Steuerberater, auch: *tax adviser, tax counsel*

tax credit

Steuergutschrift, z.B. *investment tax credit*: Steuergutschrift für Investitionen

tax credit carryforward

Vorgetragene Steuerabsetzbeträge

tax cut

Steuersenkung

tax deductible

Steuerlich abzugsfähig

tax due

Steuerschuld

tax exempt

Steuerfrei

tax expense

Steueraufwand, bezogen auf das handelsrechtliche Ergebnis, d.h. nach latenten Steuern

tax fraud

Steuerhinterziehung, auch: *tax evasion*

tax haven

Steueroase, Niedrigsteuerland

tax incentive

Steuerlicher Anreiz

tax investigation

Steuerfahndung

tax loophole

Steuerlücke

tax office

Finanzamt, auch: *tax authorities*

tax on capital contributions

Gesellschaftsteuer, auch: *company tax*

tax on wages and salaries

Kommunalsteuer (A)

tax relief

Steuererleichterung

tax return

Steuererklärung

tax shelter company

Abschreibungsgesellschaft, Verlustbeteiligungsgesellschaft

tax shield

Steuervorteil, Steuerersparnis: Ein Aufwand von 10.000 erspart bei einem Steuersatz von 25% 2.500 an Steuer.

taxable

Steuerpflichtig

taxable amounts

Steuerpflichtige Beträge

taxable income

Steuerpflichtiger Gewinn

technological feasibility

Technische Reife bzw. Tauglichkeit, möglicher Zeitpunkt für eine Aktivierung von Entwicklungskosten

temporary accounts

Erfolgskonten der Gewinn- und Verlustrechnung, im Gegensatz zu *permanent accounts* (Bestandskonten)

temporary differences

Temporäre Differenzen bei der Ermittlung der latenten Steuern, die sich zukünftig wieder „umdrehen“, im Gegensatz zu permanenten Differenzen (*permanent differences*), die nicht berücksichtigt werden

term bonds

Anleihen mit einer Endfälligkeit

term loan

Darlehen mit Endfälligkeit, im Gegensatz zum *demand loan*, bei dem der Geldgeber die Rückzahlung jederzeit verlangen kann

termination benefits

Leistungen anlässlich der Beendigung des Arbeitsverhältnisses, z.B. Abfertigung (A), Pensionsabfindung

termination of a business

Betriebsaufgabe, Geschäftsaufgabe

terms

Zahlungsbedingungen

terms of sale

Zahlungsbedingungen, z.B. 2 % Skonto bei Zahlung innerhalb 10 Tagen oder 30 Tage ohne Skontoabzug

test of details

Detailprüfung von Bilanzpositionen

theoretically strong (weak) method

GAAP – konform (nicht konform)

threshold

Schwelle, z.B. *threshold agreement*: an Index gebundener Lohn

tick mark

Prüfungszeichen, Haken, vgl. *tick off*: abhaken

time deposit

Termingeld, Geldeinlage, die für einen fixen Zeitraum veranlagt ist

time value of money

Der Wert eines Geldbetrages in Beziehung zur Zeit; z.B. Endwert oder Barwert

timeliness

Zeitgerecht: Eine Information ist nur dann relevant für den Bilanzleser, wenn sie zeitgerecht gegeben wird.

tolerable rate

Tolerierte Fehlerquote bei Prüfungen

total

Summe, auch: *subtotal* – Zwischensumme, *grand total* – Gesamtsumme

trace

Ausgehend von Beleg bis zum Bilanzansatz prüfen, im Gegensatz zu *vouch*, wo vom Bilanzansatz bis zum Urbeleg geprüft wird; Prüfungshandlung des Wirtschaftsprüfers

traceable cost

Kosten, die einem bestimmten Produkt zugeordnet werden können

trade accounts payable

Lieferverbindlichkeiten

trade credit

Zahlungsziel, das ein Unternehmer einem anderen Unternehmen einräumt, im Gegensatz zum *consumer credit*, wo das Zahlungsziel einem Letztverbraucher eingeräumt wird

trade discounts

Rabatt

trade in allowance

Reduzierter Anschaffungspreis für Anlagevermögen infolge der Rücknahme eines alten Anlagevermögens

trade notes payable

Wechselverbindlichkeiten

trade receivables

Forderungen aufgrund von Warenverkäufen und Leistungen

trade tax

Gewerbesteuer (D)

trademark, trade name

Marke, Warenzeichen

trading securities

Handelsbestand der Wertpapiere, kurzfristige Veranlagung, Wertpapiere des Umlaufvermögens (US)

transaction approach

Gewinnermittlung in der Gewinn- und Verlustrechnung, im Gegensatz zur Gewinnermittlung in der Bilanz (doppelte Gewinnermittlung)

transaction cycle

Überprüfung (Wirtschaftsprüfung, internes Kontrollsystem) von größeren Zusammenhängen, wie Absatz-, Beschaffungs-, Produktions- oder Gehaltsbereich, im Beschaffungsbereich von der Bestellung bis zur Bezahlung der Lieferantenrechnung

transfer prices

Verrechnungspreise im Konzern

transfer to reserves

Zuweisung an Rücklagen

transition amount

Saldo, der bei der erstmaligen Anwendung einer US GAAP Vorschrift entsteht

translation gain (or loss)

Gewinn oder Verlust aufgrund einer Fremdwährungsdifferenz

transportation-in

Bezugskosten, Frachtkosten beim Einkauf, auch: *freight-in*

transposition error

Ziffernsturz, gebucht wird z.B. 32 statt 23

travel expenses

Reisekosten

treasurer

Finanzdirektor

treasury bonds

Anleihen, die vom emittierenden Unternehmen zurückgekauft worden sind

treasury stock (shares)

Eigene Aktien, Ausweis als Negativposten im Eigenkapital, bewertet entweder mit Anschaffungskosten (*cost method*) oder mit dem Nominalwert (*par value method*), nach HGB Ausweis im Umlaufvermögen

trial balance

Saldenliste, Probebilanz

troubled debt restructuring

Schuldennachlass: Vergleichbar mit dem Ausgleich, wo einem Unternehmen ein Teil der Schulden nachgelassen wird, wenn der andere Teil bezahlt wird. Reorganisation, Schuldennachlass durch einen Ausgleich, Ausbuchung einer Verbindlichkeit gegen Ertrag bzw. andere Erleichterungen für den Schuldner, wie verlängertes Zahlungsziel oder Verzicht auf Verzinsung

turnover

Umsatz, auch: *sales* oder *revenue*, Umschlagshäufigkeit, Fluktuation

unaccounted for

Ungeklärt

unappropriated reserve

Freie Rücklage

unappropriated retained earnings

Ausschüttungsfähiger Gewinn (Bilanzgewinn), der Jahresgewinn wird im Eigenkapital nicht gesondert, sondern als Teil der „Gewinnrücklage" ausgewiesen, wörtlich: frei verwendbarer, vorerst zurückgehaltener Gewinn, im Gegensatz zu *appropriated*: thesaurierter Gewinn

unconditional purchase obligations

Unkündbare Kaufverpflichtungen

underlying

Basiswert, auf den sich ein Derivat bezieht, z. B. Zinssatz, Wertpapierpreis, Warenpreis, Indices

underlying document

Ein Beleg als Grundlage für eine Verbuchung

understandability

Bilanzverständlichkeit, Teil der Rechnungslegungsprinzipien

undistributed earnings

Unverteilter Gewinn, Gewinnrücklage, Gewinn, der noch nicht festgestellt wurde

unearned revenue

Passive Rechnungsabgrenzungen: Noch nicht verdienter Ertrag, der zugeflossen ist, also Geldzufluss in alter Periode, aber erst in nachfolgender Periode ertragswirksam.

unexpected gain or loss

Unerwarteter Gewinn bzw. Verlust, z.B. beim Pensionsfondsvermögen

unfilled orders

Noch nicht abgerechnete Leistungen, noch nicht ausgeführte Aufträge

unfunded

Ungedeckt, im Zusammenhang mit einer Verpflichtung (Pensionsanspruch), die nicht gedeckt ist

unfunded plans

Pensionszusagen, die nicht durch ein Fondsvermögen gedeckt werden

unissued capital stock

Genehmigtes Kapital, Kapitalerhöhung, die noch nicht durchgeführt worden ist; Aktien, die noch nicht ausgegeben wurden

unit of production depreciation method

Abschreibung auf Basis von Produktionseinheiten

unlimited liability

Uneingeschränkte Haftung, charakteristisch für Einzelunternehmen und Personengesellschaften (ausgenommen Kommanditist)

unqualified opinion

Uneingeschränkter Bestätigungsvermerk

unrecognized net gain or loss

Nicht berücksichtiger Gewinn und Verlust bei Veränderungen der Pensionsverpflichtung bzw. bei Pensionsfondsvermögen, weil innerhalb einer bestimmten Bandbreite

unrecovered cost

Buchwert eines Vermögensgegenstandes

untaxed reserves

Unversteuerte Rücklagen

unusual or infrequent items (exceptional items)

Ungewöhnliche oder seltene Aufwendungen und Erträge (US GAAP), enge Definition für außerordentliche Aufwendungen und Erträge

upper (ceiling) limit

Für die Bewertung von Vorräten am Absatzmarkt gibt es eine Obergrenze (*ceiling*), die wie folgt ermittelt wird: Verkaufspreis abzüglich Kosten der Fertigstellung abzüglich Vertriebskosten.

useful life

Nutzungsdauer von Anlagevermögen

US-Generally Accepted Accounting Principles (US GAAP)

US Rechnungslegungsvorschriften, im Gegensatz zu den europäischen International Financial Reporting Standards (IFRS)

utility expenses

Aufwand für Strom, Gas, Wasser etc.

valid

Wirksam, gültig, rechtskräftig

valuation

Bewertung, Wertansatz

valuation allowance

Jener Teil der aktiv latenten Steuern, der voraussichtlich nicht genutzt werden kann

valuation method

Bewertungsmethode

valuation reserve

Bewertungsreserve

value added tax (VAT)

Umsatzsteuer

value in use

Nutzungswert, Barwert der künftig erzielbaren Cashflows, vgl. *impairment test*

variability

Bandbreite einer Abweichung, z.B. vom Soll- und Istwert

variable annuity

Jährliche Rückzahlungsverpflichtung, die variabel ist, d.h. von anderen Parametern abhängig, beispielsweise vom Dow-Jones-Index

variable costing system

Teilkostenrechnung, nur Einzelkosten sind Bestandteil der Herstellungskosten

variable costs

Variable Kosten, Einzelkosten: Jene Kosten, die vom Produktionsumfang abhängig sind, im Gegensatz zu den Fixkosten, die auf Änderungen des Produktionsumfanges nicht reagieren

variable sampling

Stichprobenmethode, Differenz in Geld bewertet, z.B. Forderung in der Bilanz 100, laut Saldenbestätigung 90, Differenz 10, im Gegensatz zu Mengendifferenzen (*attribute sampling*)

variance

Abweichung, z.B. beim Vergleich des Soll- und Istbestandes

variation analysis

Abweichungsanalyse durch den Vergleich von Bilanz und G+V-Positionen mit dem Vorjahr, Erforschen der Ursachen der Veränderung

verifiability

Verifizierbarkeit: Diese liegt dann vor, wenn mehrere Bilanzleser gleiche Schlüsse aus dem Jahresabschluss ziehen.

verification

Überprüfung von Bilanzpositionen durch den Wirtschaftsprüfer anhand von Dokumenten (Rechnungen) oder Saldenbestätigungen (*confirmations*)

vertical analysis

Bilanzanalyse eines Unternehmens (Verhältnis Anlagevermögen zu Umlaufvermögen bzw. Eigenkapital zu Fremdkapital) oder Vergleich der Unternehmenszahlen mit den Zahlen von vergleichbaren Unternehmen, im Gegensatz dazu: *horizontal analysis* (Vergleich der Unternehmenszahlen mit jenen der Vorperioden)

vested benefits

Erworbene (unverfallbare) Pensionsansprüche

vested rights

Erworbene Rechte, die beispielsweise auch bei vorzeitiger Beendigung eines Dienstverhältnisses ausgezahlt werden müssen

vesting period

Sperrfrist, ein Zeitraum zwischen der Zusage (*grant date*) und Ausübung des Rechtsanspruches

vouch

Vom Bilanzansatz zurück zum Beleg prüfen, im Gegensatz zu *trace*, wo vom Urbeleg ausgehend zum Bilanzansatz geprüft wird, eine Prüfungshandlung des Wirtschaftsprüfers

voucher

Beleg

vouching

Überprüfung einer Bilanzposition mit den zugrunde liegenden Belegen (Eingangsrechnung usw.)

wage tax

Lohnsteuer

wages and salaries

Löhne und Gehälter

warrants

Aktienbezugsrechte zu einem im voraus bestimmten Preis

warranty

Garantie bzw. Gewährleistung, im Sinne von: *promises about products*

warranty obligations, guarantee obligations

Gewährleistungsverpflichtungen, Garantieverpflichtung

wash sale

Verkauf und anschließender Kauf eines gleichen oder ähnlichen Vermögensgegenstandes innerhalb eines kurzen Zeitraumes; im amerikanischen Steuerrecht werden Verluste aus einem Wertpapierverkauf dann nicht berücksichtigt, wenn innerhalb von dreißig Tagen ein gleichwertiges Wertpapier gekauft wird.

waste

Abfall aufgrund eines Produktionsvorganges

wasting asset

Naturvorkommen, die verbraucht werden, wie Holz, Öl, Gas, Erze usw.

weighted average number of ordinary shares outstanding during the period

Durchschnittlich gewichtete Anzahl der während der Periode ausstehenden Stammaktien

weighted average number of shares outstanding

Bei der Ermittlung des Gewinnes je Aktie wird vom durchschnittlichen Bestand der Aktien während des Jahres ausgegangen.

weighted/moving average cost

Gewogenes/gleitendes Durchschnittspreisverfahren für die Bewertung der Vorräte; nach jedem Zugang bzw. von allen Zugängen wird ein Durchschnittspreis ermittelt.

white collar crime

Wirtschaftskriminalität, im Gegensatz zur Gewaltkriminalität (*violent crime*)

wholesale

Großhandel, im Gegensatz zu *retail*: Einzelhandel

wind up

Liquidation eines Unternehmens

window dressing

„Frisieren“ der Bilanz, Bilanzverschönerung

with recourse

Beim Forderungsverkauf (*factoring*) garantiert der Forderungsverkäufer den Zahlungseingang bei der Factorbank. Falls ein solcher nicht erfolgt, wird der Forderungsverkäufer den erhaltenen Forderungsbetrag zurückzahlen.

withdrawals

Entnahmen durch den Eigentümer im Einzelunternehmen bzw. in der Personengesellschaft.

withholding tax

Abzugssteuer (z. B. Kapitalertragsteuer), wörtlich: einbehaltene Steuer

withholding tax on investment income

Kapitalertragsteuer

work in process

Halbfertige Erzeugnisse, als Teil der Vorräte in einem Produktionsbetrieb

work in process inventory

Inventur der Halbfabrikate

work sheet

Hauptabschlussübersicht

working capital

Liquiditätsreserve, soweit das kurzfristige Umlaufvermögen die kurzfristigen Verbindlichkeiten übersteigt

working papers

Arbeitspapiere des Wirtschaftsprüfers (Dokumentation)

write off

Ausbuchung, typisch bei uneinbringlichen Forderungen

write up

Zuschreibung, Gegenteil von Abschreibung, immer dann, wenn der Grund für eine Abschreibung weggefallen ist, Wertaufholung

write-down

Abschreibung, Wertberichtigung von Anlagegütern

years of service method

Verteilung des Pensionsaufwandes auf die Restarbeitszeit, bei Nachbesserungen bestehender Pensionsverträge

zero interest bearing notes

Die Wechselzinsen sind im Gesamtbetrag enthalten und werden nicht laufend gezahlt.

zero interest debenture bonds

Nullkuponanleihe, bei der ein Ausgabebetrag weit unter dem Rückzahlungsbetrag liegt

Deutsch – Englisch

Abfallstoffe (aus Produktion)

waste, wastage, product lost, misuse

Abfertigungsrückstellung

accrual for …, provision for severance payments (A)

Abgang (von Anlagevermögen)

disposal (of fixed assets), retirement

abgegrenzt

accrued (*antizipativ, Forderung bzw. Verbindlichkeit*), deferred (*transitorisch, ARA bzw. PRA*)

abgegrenzter Aufwand, Ertrag

accrued expense, revenue

Abgrenzung

accrual, deferral, matching of revenue and expense

ablegen

file, put in folder

Abrechnung

settlement, detailed statement, prepare the bill, itemized bill

Abschlag

discount, allowance

Abschlussbuchungen

closing entries

Abschreibung auf Basis von Produktionseinheiten

unit of production depreciation

Abschreibung, außerordentliche

extraordinary depreciation

Abschreibung, außerplanmäßige

impairment (reduction in market value), irregular depreciation, unplanned depreciation, write down (*teilweise*), write off (*gänzlich*)

Abschreibung, beschleunigte, degressive

accelerated depreciation, double declining balance method, sum-of-the-years digits method, decreasing charge method

Abschreibung durch Zeitablauf

amortization

Abschreibung für Abnutzung

depreciation (for wear and tear), capital allowance (GB)

Abschreibung, gemeinsam, von gleichen oder unterschiedlichen Wirtschaftsgütern

group or composite depreciation

Abschreibung, Gruppen-

group depreciation

Abschreibung, Halbjahres-

half-year convention

Abschreibung, kumulierte

accumulated depreciation

Abschreibung, leistungs- bzw. mengenabhängige

activity method, production method (depreciation), units-of-production method

Abschreibung, Substanz-, Verbrauchs-

depletion

Abschreibung, Substanzabschreibung in Prozenten vom Erlös

percentage depletion

Abschreibung, vorzeitige

accelerated depreciation

Abschreibung, wegen technischer Überalterung

write down due to obsolescence

Abschreibung, wirtschaftlich begründete

write down due to inadequacy

Abschreibungen, steuerliche

tax depreciation

Abschreibungsgesellschaft
tax shelter company

Absicherung, Wertveränderungen bei Aktiva und Passiva
fair value hedge

Abstimmung von Konten
reconciliation

Abweichung
deviation, variance, divergence

Abweichungsanalyse
variation analysis

Abwertung
markdown, devaluation, write down

Abzahlung
redemption, paying off

Abzinsung
discounting

Abzugssteuer
withholding tax, tax at source

Agio
premium

Akte
folder, file, record

Aktien
stock, shares

Aktien, ausgegebene
issued shares

Aktien, Bewertung eigener Aktien mit dem Nominalwert
par (stated) value method

Aktien, Bewertung eigener Aktien mit dem Rückkaufpreis
cost method

Aktien, Bezugsoption, die als Gehaltsbestandteil bestimmten Arbeitnehmern gewährt werden

stock appreciation rights, stock options

Aktien, Bezugsrechte zu vorausbestimmtem Preis

warrants

Aktien, durchschnittlich gewichtete Anzahl der während der Periode ausstehenden Stammaktien

weighted average number of ordinary shares outstanding during the period

Aktien, eigene

treasury stock (shares)

Aktien, Einziehung

stock redemption, redemption of shares

Aktien, Emissionskosten

stock issuance costs, issue expenses

Aktien, Emittent

investee, issuer

Aktien, gezeichnete

stock subscriptions

Aktien, im Umlauf befindliche

outstanding shares

Aktien, Kaufberechtigung zum festgelegten Preis

call option

Aktien, Käufer

investor, buyer, purchaser

Aktien, Kaufoption neuer Aktien im Kaufpreis inkludiert

cum rights

Aktien, mögliche zusätzliche Aktien

potential common stock

Aktien, Nominalwert

par value stock, face value

Aktien, nominelle Kapitalerhöhung, Gratisaktien

bonus stock, small (ordinary) stock dividends (additional shares to shareholders without cash payments)

Aktien, -splitt (Aufteilung)

stock split (issuance of additional shares)

Aktien, Stamm-

ordinary shares, common stock/shares (US)

Aktien, Stück-

no par stocks, unit share

Aktien, Verkaufsoption zu einem festgelegten Preis

put option, preemptive right, subscribed stock

Aktien, Vorzugs-

preferred stock, preference stock

Aktienbezugsrecht

stock option, stock warrant

Aktiengesellschaft

stock corporation (US), public limited company (GB)

Aktienkauf der Mitarbeiter oder des Managements, finanziert durch Kredite

leveraged buyout (leveraged *für fremdfinanziert*)

Aktienoption als Gehaltsbestandteil

noncompensatory plans, stock option, stock option plans

Aktienoption, Tag der Gewährung

grant date

Aktienverkäufe mit unterschiedlichem Nominale zu einem Gesamtpreis

lump sum sales

Aktienzeichnung

stock subscription, subscription offer

Aktionäre, beschränkte Haftung

limited liability

aktivieren

capitalize, record an expenditure as an asset

aktivierte Eigenleistungen

own work capitalized, self constructed assets, internal expenditure capitalized (GB)

Akzept (Wechsel)

acceptance (bill of exchange)

Alimente

alimony, maintenance

Alternativmethode nach IFRS

allowed alternative treatment

Altersversorgungspläne

retirement benefit plans

Amortisationszeitraum

payback period

Anerkennungsmechanismus der IFRS in der EU

endorsement mechanism

Anfangssaldo

opening balance

angesammelt

accumulated

Anhang als Teil des Jahresabschlusses

notes (to the financial statement)

Anlage

exhibit, supplement

Anlagenkauf, Rückgabe eines alten Anlagevermögens und Aufzahlung

trade in transaction

Anlagenzugänge

additions to fixed assets

Anlagevermögen
fixed assets, property plant equipment

Anlagevermögen, einem Segment zugeordnet
segment assets

Anlagevermögen, langfristig
noncurrent assets

Anlegerwertpapiere, Eigentümerwertpapiere im Gegensatz zu Gläubigerwertpapieren
equity securities

Anleihe (als Inhaberwertpapier)
bond, debenture loan (GB), (bearer bonds)

Anleihe auf Abruf, kündbar
callable bond

Anleihe, Nullkupon-
zero interest debenture bond, zero bond

Anleihe, Rückzahlung der
bond redemption

Anleihe, Umtausch in Aktien
bond conversion, convertible bond

Anleihe, -vertrag
bond indenture

Anleihe, Wandel-
convertible bond

Anleihen, ausgegebene
bonds payable

Anleihen, besicherte, ungesicherte
secured bonds, debenture bonds

Anleihen mit einer Endfälligkeit
term bonds

Anleihen, Namens-
registered bonds

Anleihen, Nullkupon-
deep discount (zero-interest), debenture bonds, zero bonds

Anleihen, Rückkauf vom emittierenden Unternehmen
treasury bonds

Anleihen, Rückzahlung auf Raten, Rückzahlung in Geld oder in Rohstoffen
serial bonds, commodity backed bonds

Anleihen, Schund-
junk bonds

Anleihen, Tilgung durch Emittierung neuer Anleihen
refunding

Anleihen von Bund, Ländern oder von Städten
municipal bonds

Anleihen, Zinsauszahlung aus vorgegebenen Quellen
revenue bonds

Anleihen, Zinsauszahlung erst bei Gewinnen
income bonds

Anleihezins
stated rate

Annahme
assumption, supposition

Annahme der Periodengewinnermittlung
periodicity assumption

Annahme einer bestimmten Verbrauchsabfolge
cost flow assumptions

Annahme einer nachhaltigen, unternehmerischen Tätigkeit (Going-Concern-Prinzip)
continuity of operations

Annahme einer Unternehmensfortführung
going concern assumption

Annahme einer wirtschaftlichen Einheit
economic entity assumption

Annuität
annuity, debt service payment

Annullierung
defeasance, annulment

anpassen/Anpassung
adapt, adjust/adaption, adjustment

Ansatz, Bandbreite
corridor approach

Ansatz von Tageswerten
fair value accounting

Ansatz, Zusammenfassung ungleicher Wirtschaftsgüter
composite approach

Anschaffung
acquisition, purchase

Anschaffungskosten
historical cost, cost of purchase, original cost, acquisition cost

Anschaffungskostenprinzip
cost principle

Anspruch, erworbener, teilweise erworbene
fully vested, partially vested

Anspruch haben
eligible, raise a claim, claim for, to be entitled to

Ansprüche
claims, requirements, standards

Ansprüche, ansammelbare, auf vergütete Abwesenheit
accumulating compensated absences

Anwalt
attorney (US), solicitor, barrister (GB)

Anwaltsschreiben (wörtlich: Auskunftsbrief)
letter of inquiry

Anzahl der Forderungsumschläge pro Jahr
receivables turnover ratio

Anzahlung
deposit, advance payment, downpayment, installment

Arbeitsverhältnis, Leistungen aus Anlass der Beendigung (Abfertigung)
termination benefits (severance payments, [A])

aufaddieren
footing, add

Aufdeckung (stiller Reserven)
step up (of hidden reserves), realization (of hidden reserves)

Aufgeld
agio, bond premium, share premium

aufgliedern
itemize, breakdown

aufrunden
round up

Aufsichtsrat
board of directors, supervisory board, outside director

Aufsichtsratsvergütung
supervisory boards emolument, directors's fee

Aufteilung, Periodensteuer
intraperiod tax allocation

Aufträge, noch nicht ausgeführte
unfilled orders

Auftragsbuch
order book

Aufwand
cost, expenditure, expense

Aufwand für Forderungsverluste
bad debt expense

Aufwand für Strom, Gas, Wasser
utility expense

Aufwand, nicht abzugsfähiger
nondeductible expense

Aufwand, Reparatur-
ordinary repairs

Aufwände, die direkt im Eigenkapital erfasst werden
other comprehensive income

Aufwandsrückstellung
accrued expenses (*sonstige Verbindlichkeiten*), accrual for future expenses (expenses incurred but not paid)

Aufwandsverteilung
allocation

Aufwandszinsen
interest cost

Aufwendungen
expenses, derecognise (a financial instrument), expenditure

Aufwendungen, außerordentliche
extraordinary items, unusual or infrequent items (exceptional items)

Aufwendungen, sonstige
miscellaneous expenditure, other expenses, sundry expenses

Aufwendungen, verschiedene, diverse
miscellaneous expenses, sundry expenses

Aufwendungen, werterhöhende
capital improvements

Aufwertung
revaluation, enhancement

Aufwertung aller Anlagen
accounting reorganization

Ausbuchung
write off, derecognition, delete (an entry)

Ausbuchung aus der Neubewertungsrücklage nach IFRS
recycling

Ausdruck (EDV)
output

Ausgabe, aktivierungspflichtige
capital expenditure, capitalize

Ausgaben
disbursements, expenditure, expenses, costs, floatation

Auslastung, maximale
practical capacity, optimum capacity

auslaufen
lapse, phase out, end, expire

ausrechnen
calculate, compute

aussagekräftig (Prüfungsnachweis)
competent

Ausschuss, unerwartet hoher
abnormal spoilage

Baisse-Spekulant
bear

Bandbreite einer Abweichung
variability

Bandbreite, Überschreitung ergebniswirksam
corridor amortization

Bankauszug
bank statement

Bankauszug, Überleitungsrechnung zu (Abstimmung)
bank reconciliation statement (bank reconciliation)

Bankbestätigung
bank confirmation

Bankeinlage
deposit

Barwert
present value, cash value

Barzahlung
disbursement, cash payment

Basiswert, auf den sich ein Derivat bezieht
underlying

Basiszinssatz, Leitzins für erste Adressen
prime rate

Bedingung, auflösende
condition subsequent, dissolving condition

Bedingung, aufschiebende
condition precedent, suspensive condition

Begünstigter
participant, beneficiary

Beihilfen der öffentlichen Hand
government assistance, subsidy, grant

Beiträge
contributions, dues (*Mitgliedsbeitrag*)

belasten

charge, burden, encumber (with debts)

Belastung

encumbrance, burden, charge

Beleg

voucher, document, slip (*Formular*)

Beleg, Grundlage für eine Verbuchung

underlying document, receipt, voucher

Belegprüfung

substantive testing

Beratungskosten

consultancy fees, professional fees

Berechtigung

authority, legitimation, right, justification, *berechtigt*: eligible

bereinigen

adjust

Bericht über die interne Kontrolle

internal control report

Bericht über erhaltene Ware bzw. verkaufte Ware

account sales

Berichterstattung

financial reporting

Berichterstattung, jährlich, quartalsweise an die Börsenaufsichtsbehörde (SEC)

Form 10-K, Form 10-Q Report

Berichtigungen, entweder von Fehlern oder der Vorperioden

accounting adjustments, correction

Berufung

appeal

beschließen

determine, auch: settle, decide, conclude, ascertain, cause, affect, control, impel, terminate, decide upon

Beschmutzung (wörtlich), Zweifel an Beibehaltungsabsicht von Gläubigerwertpapieren

tainting

Bestandskonten

real accounts, permanent accounts

Bestandsveränderung (fertiger Erzeugnisse)

changes in inventory (US), changes in stock of ... (GB), (changes in finished products)

bestätigen

attest, confirm, testify, verify, acknowledge (the receipt)

Bestätigung von Dritten, Bestätigungsschreiben

confirmation, confirmation letter, verification, certification, certificate

Bestätigungsvermerk

audit opinion, audit certification

Bestätigungsvermerk, eingeschränkter, uneingeschränkter

qualified opinion, unqualified opinion

Bestätigungsvermerk, Ergänzung

explanatory paragraph

Bestätigungsvermerk, negativer, Versagung

adverse audit opinion, disclaimer of opinion

Bestellung

purchase commitments, purchase order, appointment (board member)

Beteiligung

equity interest, investment, participation, associated enterprise, associated company

Beteiligungserträge

income from investments, income from participating interests

Beteiligungserwerb, schrittweiser
step acquisition, piecemeal acquisition

Beteiligungsgesellschaft (Anteil über 50 %)
affiliated company, subsidiary

Betrachtungsweise, wirtschaftliche
substance over form

Betrag
amount, sum

Betrag, ausgeborgter
principal

Betrag, erzielbarer
recoverable amount

Beträge, abzugsfähige (steuerpflichtige)
deductible amounts (taxable amounts)

Beträge, offene
open items, open account

betragen
amount to

Betrieb
company, firm, commercial establishment, permanent establishment, plant, operating unit

Betriebsaufgabe
termination of a business, cessation of business

Betriebsausgaben
expenses, income related expenses, deductible business expenses

Betriebsberater
business consultant, advisor

Betriebseinbringung
contribution of permanent establishment

Betriebsergebnis
operating profit, operating income, operating result

Betriebsleiter
COO (chief operating officer)

Betriebsprüfer
tax auditor, tax examiner

Betriebsprüfung
tax audit, examination

Betriebsstätte
branch, permanent establishment, business premises

Betriebsstoffe
supplies (US), consumables (GB)

Betriebstätigkeit, ureigenste Tätigkeit
operating activities

Betrug (betrügen)
fraud (deceive, defraud)

Betrugshandlung, durch Zusammenspiel von Mitarbeitern
collusion

Beweispflicht
burden of proof

Bewertung
valuation, measurement, assessment, rating, evaluation

Bewertung, Vorräte nach dem strengen Niederstwertprinzip
lower of cost or market (US)

Bewertungsänderungen, Auswirkung in Folgeperioden
prospective changes

Bewertungsänderungen der Vergangenheit
retroactive changes

Bewertungsdivergenz
accounting mismatch

Bewertungsmethode (zu Vollkosten)
valuation method (absorption costing)

Bewertungsmethoden (Wechsel der)
accounting policies, valuation methods, (accounting changes)

Bewertungsreserve
valuation reserve

Bewertungsvorschriften, fehlerhafte Anwendung von
accounting errors

Bezahlung auf Provisionsbasis
on commission basis

Bezugskosten
freight charges, carriage, transportation in, freight in

Bezugsrechte
shares options stock warrants (US), preemptive rights

Bezugsschein
coupon

Bilanz
balance sheet

Bilanzanalyse eines Unternehmens, Vergleich der Unternehmenszahlen mit vergleichbaren Unternehmen
financial statement analyses, vertical analysis

Bilanzdarstellung in Staffelform, Bilanzgliederung
report form

Bilanz, „frisierte"
window dressing, cook a balance sheet

Bilanzierung (doppelte Buchhaltung)
preparation of accounts, accrual basis of accounting

Bilanzierungsgrundsätze
principles of accounting, accounting rules

Bilanzierungsgrundsätze, fragwürdige Interpretation

creative accounting

Bilanzierungsgrundsätze, rückwirkende Änderung (nach US GAAP: Korrektur des Gewinnvortrages)

restatement method

Bilanzierungshilfe

accounting convenience

Bilanzierungsmethode, Änderung der

change in accounting principle, change in accounting method, change in accounting policies

Bilanzobjektivität

neutrality

Bilanzposition

balance sheet item, line items

Bilanzstichtag

balance sheet date, closing date, cutoff date

Bilanzsumme

balance sheet total

Bilanzverschönerung

window dressing

Bilanzverständlichkeit

understandability

Bilanzvollständigkeit

completeness

Bilanzwahrheit

faithful representation

billigen

approve, endores, promote

Bodenvorräte

natural resources, minerals, mineral resources

Börsengang (erstmaliger)
going public (initial public offering)

Bruttoerlöse
gross sales, gross revenues, gross receipts

Bruttogehalt
gross pay, gross salary

Bruttogewinn
gross profit

Bruttolohn
gross pay, gross wage

buchen
book, post, record, make entries, enter in the books

Bücher frisieren
fiddle the accounts, falsify, manipulate, doctoring a balance sheet

Buchführung, Buchhaltung
accounting, bookkeeping, accountancy (GB), recordkeeping

Buchung, statistische, zusammengesetzte
entry, memo account, compound entry

Buchungsbeleg, Grundlage für Verbuchung
journal voucher, bookkeeping voucher

Buchungskreislauf
accounting cycle

Buchwert
book value, book cost, per books, carrying value, basis, unrecovered cost

Buchwertfortführung
roll over of basis, basis rollover

Buchwertmethode bei Konsolidierung
parent company concept

Bürgschaft
guarantee (GB), guaranty (US), surety

Cashflow, abgezinster

discounted cash flow, net present value

Cost-Plus-Vertrag (vereinbarter Preis enthält eine Gewinnspanne)

cost plus contract

Darlehen

loan

Darlehen an ein Tochterunternehmen (von Tochter an Mutter)

advances to affiliates (upstream loan)

Darlehen, bedingte

forgivable loans

Darlehen mit Endfälligkeit (tilgungsfreies Darlehen)

term loan (balloon loan)

Darstellung der Bilanz, T-Konten-Form

T-account form

Darstellung des umfassenden Eigenkapitals (Bestandteil des Jahresabschlusses)

statement of other comprehensive income

Darstellung im Jahresabschluss, falsche Angabe

misstatement

Darstellung, angemessene

fair presentation

Datum der Erklärung (z.B. für Ausschüttung einer Dividende)

declaration date

Debitorenkonten

customers' ledger, accounts receivable account

Debitorische Kreditoren

suppliers with debit balances

Deckungsbeitrag

contribution margin, gross profit

Deckungsvermögen, erwartete Rendite aus
expected return on plan assets

Delkredererückstellung
reserve/provision for bad/doubtful debts, del credere provision

Derivat
derivative financial instrument

Derivat, eingebettetes
embedded derivative

Derivat, Referenzbetrag
notional amount

Derivate, Absicherung gegen unerwarteten Geldabfluss, z.B. wenn zukünftige Kaufverträge über Waren abgeschlossen werden
cash flow hedge

Derivate, gleichzeitige Eigenschaften von Gläubigerwertpapieren und Eigentümerwertpapieren (Wandelanleihe)
hybrid securities

Detailprüfung
test of details

Dienstzeit
service period, civil service: *öffentlicher Dienst*

Dienstzeitaufwand (Pensionsaufwand), vor Pensionszusage
service cost, prior period service cost

Differenz, ständige
permanent difference

Disagio
discount

Diverses
miscellaneous, sundries, various

Dividende nach Auszahlung der Vorzugsdividende
income available to common stockholders

Dividendenausschüttung
cash dividends, cash dividend payable

Dividendenauszahlung aus Grund- und Stammkapital
liquidating dividends

Dividendenauszahlung durch Ausgabe von jungen Aktien, Freianteilen, Gratisaktien
stock dividends

Dividendenauszahlung durch Ausgabe von Sachen
property dividends

Dividendenerträge
dividends received, dividend income

Dividendenrückstände
dividends in arrears

Doppelbesteuerung
double taxation

Doppelbesteuerungsabkommen
double taxation treaty, double tax convention, double taxation agreement

Doppelte Buchführung, Buchhaltung
double entry bookkeeping, double entry accounting, accrual basis of accounting

Durchschnitt
mean per unit, average

Durchschnittskosten, gewogene, gleitende
average cost weighted, moving

Durchschnittssteuersatz
average tax rate

Eigenkapital
equity, owners equity, shareholders equity, stockholders equity

Eigenkapital bei Einzelunternehmen und Personengesellschaften
owners equity, one's own capital, equity capital, proprietors equity

Eigenkapitalanteil, gespendet, vererbt
donated capital

Eigenkapitalinstrumente
equity instruments

Eigenkapitalveränderungsrechnung
statement of changes in equity, statement of stockholders equity

Eigentümer
owner, proprietor, titleholder

Eigentümerwertpapiere (z.B. Aktie)
equity securities (share)

Eigentumsübergang im Zeitpunkt der Übergabe am Zielort
f.o.b. destination (free on board)

Eigentumsübergang, Übergabe an ersten Frächter
f.o.b. shipping point (free on board)

Eigentumsvorbehalt
repossessions, ownership reservation, retention of title

Einbehalt
holdback, retention, withholding

Einfluss, beherrschender (bei verbundenen Unternehmen)
controlling influence

Einfluss, maßgeblicher (bei Beteiligungen)
significant influence

Eingangsfrachten
freight on purchases, freight in, freight inward, inbound freight

eingeben (EDV)
input

eingetragen
register, record, enter

Einhalten von Vorschriften
compliance, observation of

Einheitswert
assessed value

Einkaufspreis einschließlich Nebenkosten
cost of goods purchased

Einkommen
earnings, revenue, proceeds, profit, gain, dividends, pay

Einkommen, umfassendes
comprehensive income

Einkommensteuer
corporation tax, individual income tax

Einkünfte
income, earnings, profit, revenues

einlösbar
redeemable

Einnahmen, Veräußerung von Aktivposten oder Emission von Wertpapieren
proceeds, receipts

Einnahmen-Ausgabenrechnung
cash basis accounting

einordnen
file, classify

Einschränkungen
constraints, limits, restrictions

einschreiben (Brief)
register

Einzahlungsbeleg
certificate of deposit, credit slip

Einzelabschluss
individual company financial statement

einzeln anführen
itemize, list separately

Einzelunternehmen
single enterprise, sole proprietorship, sole tradership (GB)

Empfänger, Absender
consignee, consignor (sender)

Empfangsbestätigung
receipt

Endfälligkeitszeitpunkt
maturity date

Endwert
future value

Entnahmen vom Eigentümer eines Einzelunternehmen bzw. einer Personengesellschaft
withdrawals, drawings

entscheiden
determine, auch: settle, decide, conclude, ascertain, cause, affect, control, impel, terminate, decide upon

Entscheidung, ob Leistung oder Produkt selbst hergestellt oder eingekauft wird
make-or-buy decision

entwerten
cancel

Entwicklungskosten
development costs

Erbschaftssteuer
inheritance tax, estate tax

Ereignis, das zu einer Buchung führt
accounting event

Ereignisse nach dem Bilanzstichtag
events after the balance sheet date, subsequent events, post-statement events

Erfassung als Ertrag (mit Geldzufluss)
recognition (realization)

Erfassung, chronologische E. aller Buchungsvorgänge
journal

Erfolgskonten
nominal accounts, temporary accounts

Erfüllungsbetrag
settlement value

Ergänzung
amendment, completion, addition

Ergebnis aus der laufenden Geschäftstätigkeit (vergleichbar mit dem Betriebsergebnis)
income from continuing operations, ordinary business result

Ergebnis, sonstiges umfassendes
other comprehensive income

Erläuterungen im Anhang
disclosures in the notes, footnotes

Erläuterungen zu den Standards
interpretations

erlöschen
lapse, termination (*z.B. Vollmacht*), expire (GB)

Erlöse, Vermietung und Verpachtung
income from rents and leases, rental income

Erlöseinbuchung, Gewinnrealisierung im Zeitpunkt des Eigentumsübergangs
sales basis of revenue recognition

Erlösminderungen in Folge von Rückgabe
sales returns, revenue reductions

Ermittlung, indirekte von bestimmten Beträgen, die sich als Differenz (Saldo) ergeben
plug, plugging

Eröffnungsbilanz
opening balance

errechnen
calculate, compute

Ersatz
replacement, reimbursement

Ersterfassung des Buchungsstoffes im Journal
book of original entry

Ertrag, erzielbarer
recoverable amount

Ertrag, realisierter
earned revenue, realized earnings

Erträge
revenues, yields, earnings, income

Erträge, Abgang von Anlagevermögen
income from disposal of fixed assets

Erträge, Auflösung von Rückstellungen
income from reversal of accruals, of provisions

Erträge, außerordentliche
extraordinary items, unusual or infrequent items (exceptional items)

Erträge, die direkt im Eigenkapital erfasst werden
other comprehensive income

Erträge, vorausgezahlte
prepaid income

Ertragskraft
performance, earnings power, profitability

Ertragssteuer
income tax, corporation tax

Ertragssteuern, vom Bund eingenommene
federal income tax

Erwerb
acquisition, purchase

Erwerb ohne Gegenleistung
nonreciprocal transfers, donation, gift

Erwerbsmethode bei der Kapitalkonsolidierung
purchase method

Eventualforderung
gain contingency, contingent asset

Eventualverbindlichkeit
contingency, loss contingency, contingent liability

Evidenzkonto
memo account

Fabrik
plant, factory

Fahrlässigkeit
negligence

Fälschung
forgery, falsification

Familiengesellschaft
close corporation, family owned company

Fehlbetrag
shortfall, deficiency, shortage, deficit

Fehler,
error, mistake, miscalculate

Fehler, Selbstkorrektur in Folgeperiode
counterbalancing errors

Fehlerkorrektur (aus Vorperioden)
correction of an error (prior period adjustments)

Fehlerrate
error rate

Fertigerzeugnisse
finished goods

Festbestand an Geld in der Kasse
imprest fund

Festgeld
fixed deposit, twice deposit, fixed term deposit

Festgeldeinlage im Sinne von Sicherheitsleistung, z.B. hinterlegtes Sparbuch
compensating balances

feststellen
determine, auch: settle, decide, conclude, ascertain, cause, affect, control, impel, terminate, decide upon

Festwert bei Vorräten
base stock method, based on standard values and quantities

Finanzamt
tax office, tax authorities, revenue office

Finanzierung durch zusätzliches Eigenkapital
equity financing

Finanzierungsaktivitäten (C. F. Statement)
financing activities

Finanzierungskosten
interest cost, financing costs

Finanzierungskosten, marginale
incremental borrowing rate

Finanzierungsleasing
capital lease, direct financing lease, sales type lease

Finanzinstrumente (kombinierte)
financial instruments (compound instruments)

Finanzinstrumente, nicht bilanziert
off balance instruments

Finanzinstrumente, originäre
primary financial instruments

Finanzpositionen, Geld- bzw. geldnahe
monetary items

Finanzverantwortlicher
treasurer

Finanzvorstand
CFO (chief financial officer)

Firmenwert (impliziter)
goodwill (implied goodwill)

Firmenwert, negativer
negative goodwill (badwill)

Fondsvermögen
fair value of plan assets

Fondsvermögen, Gewinne und Verluste
asset gains and losses

Forderung an das Finanzamt
income tax refund receivable

Forderung, Teileingang einer ursprünglich abgeschriebenen
bad debt recovery, recovery of bad debts

Forderung, uneinbringlich (einbringlich)
bad debt, credit loss, (collectible)

Forderung, Verpfändung einer
pledging of a receivable

Forderungen
claims, receivables (accounts receivable), demand

Forderungen, aus Warenverkäufen und Leistungen
trade receivables

Forderungen, Bestätigung
confirmation

Forderungen, Gliederung nach Überfälligkeit als Grundlage für Wertberichtigung bzw. Abschreibung

aging of account receivable, aging schedule

Forderungen, nicht vom Verkauf von Waren oder Dienstleistungen

nontrade receivables

Forderungen, zweifelhafte, unsichere

doubtful accounts

Forderungsabtretung

assignment of accounts receivable, transfer of claim

Forderungsumschlag

accounts receivable turnover

Forderungsverkauf

factoring receivables

Forderungsverlust

credit loss

Forschungsaktivitäten

research activities

Frachtbrief

bill of lading, bill of freight, waybill (US)

Frachtkosten beim Einkauf

transportation-in, freight-in

Franchisegeber, Franchisenehmer

franchisor, franchisee

Franchisegebühr, einmalige, laufende

initial franchise fee, continuing franchise fee

frei an Bord, Kaufpreis inkludiert die Lieferung zum Versendungsort (Frächter)

free on board (FOB)

Freibetrag

allowance, exemption

Fremdkapitalkosten
borrowing costs

Fremdvergleich
arm's length principle

fundiert, teilweise
partially funded

Fusion
merger

Fußnoten (wörtlich), im übertragenen Sinn: Anhang
footnotes

Garantie
warranty, guarantee

Garantierückstellung, Bildung im Erlösjahr
expense warranty approach, auch: provision for guarantees

Garantieverpflichtung
warranty obligations, guarantee obligations

Gebühr (auf Basis von geschätzten Werten bestimmter Güter)
charge (ad valorem), fee

gebührenfrei
at no charge, free of charge

Gegenkonto
contra account, cross-reference, offset account

gegenprüfen
check against

Gegenüberstellung der liquiden Mittel (1.1. und 31.12.)
cash reconciliation

Gehälter (A)
salaries

Gehaltsabzüge
payroll deduction

Gehaltsliste
payroll

geldähnlich
cash equivalents

Geldbeschaffungskosten
(loan) originating fees, financing costs

Geldbeträge, abgesonderte
restricted cash, reserve fund

Geldeinlage, befristet
time deposit

Geldeinnahme
receipt, monies received

Geldmittelüberschuss aus der Geschäftstätigkeit nach Abzug der Ersatzinvestitionen
free cash flow

Geldzu- und Geldabfluss (C. F. Statement)
financial activities

Genauigkeit
precision, exactness

Generalversammlung
general meeting

Genossenschaft (eingetragene)
cooperative (registered)

genügend (Prüfungsnachweise)
sufficient

geringwertige Wirtschaftsgüter
low value items, lower cost assets

Gesamtkostenverfahren
income by nature

Geschäfte, schwebende
pending contracts

Geschäftsanteile, Verkauf bzw. Verkauf durch Angehörige der Gesellschaft
insider trading

Geschäftsaufgabe
termination of a business, cessation of business

Geschäftsbereiche
reporting units, line of business, business operations

Geschäftseinheiten
cash generating units

Geschäftsjahr
business year, financial year, fiscal year, accounting year

Geschäftstätigkeiten von aufgegebenen Teilbetrieben
discontinued operations

Geschäftszyklus
operating cycle

Gesellschaft (allgemeiner Begriff), auch: Rechtspersönlichkeit, juristische Person
entity

Gesellschafterversammlung
shareholders' meeting, general meeting

Gesellschaftsanteile
shares, stocks, partners' interests

Gesellschaftsgründung
incorporation, formation of a company, establishment of a company

Gesellschaftsteuer
tax on capital contributions, capital duty, company tax

Gesellschaftsvertrag
articles of incorporation, articles of partnership, partnership agreement

Gesetzeslücke
loophole, judicial loophole, gap in the law

Gewährleistung, Gewährleistungsverpflichtungen
guarantee, warranty, warranty obligations, liability for defects

Gewerbesteuer (D)
trade tax

Gewinn
profit, auch: gain, return, dividend, interest, yield, proceeds, earnings, revenue, income, surplus, excess

Gewinn je Aktie
basic earnings per share, earnings per share

Gewinn je Aktie, Berücksichtigung von Verwässerung
diluted earnings per share

Gewinn- und Verlustrechnung
income statement, profit and loss account

Gewinn- und Verlustrechnung, Ausweis von Zwischensummen nach Steuern
net of tax reporting, intra period tax allocation

Gewinn- und Verlustrechnung, Gliederungsschema nach Aufwandsart (mehrstufige Darstellung)
natural classification (multiple step income statement)

Gewinn aufgrund einer Fremdwährungsdifferenz
translation gain

Gewinn aus Veräußerung
capital gain

Gewinn, ausschüttungsfähiger
distributable profit, distributable income, unappropriated retained earnings

Gewinn, noch nicht ausgeschütteter
retained earnings

Gewinn, steuerpflichtiger
taxable income, taxable profit

Gewinn, unerwarteter
unexpected gain

Gewinn, unverteilter
undistributed earnings

Gewinn vor Steuern
pretax financial income, income before taxes

Gewinn, Zwischen-
intercompany profit

Gewinnanteile von Personengesellschaften
share in profits of partnerships

Gewinnaufschlag
markup, markon

Gewinnaufschlag, vertraglich vereinbarter
cost-plus contract

Gewinnausschüttung, verdeckte, verzögerte
constructive dividend, scrip dividends, deemed profit distribution

Gewinne, Auflösung der Pensionsrückstellung
liability gains

Gewinne aus einer peripheren Tätigkeit des Unternehmens
gains

Gewinne, einbehaltene (thesaurierte)
retained earnings, earned capital

Gewinne, nicht realisierte
holding gains, gains pending realization

Gewinnermittlung
income determination, profit determination

Gewinnermittlung in Gewinn- und Verlustrechnung
transaction approach

Gewinnermittlung, stichtagsbezogener Ansatz
capital maintenance approach

Gewinnrealisierung
profit realization, realization of a profit

Gewinnrealisierung, kostenübersteigende Eingangszahlungen
cost recovery method

Gewinnrealisierung nach Fertigstellung
completed contract method

Gewinnrücklage
appropriated retained earnings, retained earnings, surplus, undistributed earnings, retained income

Gewinnrücklage, nicht für Ausschüttung bestimmt
restricted retained earnings, appropriated retained earnings, retained earning, appropriated earnings

Gewinnspanne
margin of profit, profit margin

Gewinnvortrag
unappropriated retained earnings brought forward, profit brought forward

Gläubiger
creditor, claimant, obligee

Gläubigerschutz
prudence, creditors protection

Gläubigerwertpapiere (z.B. Anleihen)
debt securities (e.g. bonds)

Grenzsteuersatz
marginal tax rate, incremental tax rate

Großhandel
wholesale, trade

Grunddienstbarkeit
easement, land servitude (GB)

Grunderwerbssteuer
land acquisition tax, real estate transfer tax, land transfer tax

Grundgeschäft, gesichertes
hedged item

Grundkapital
capital stock (US), share capital, stated capital

Grundkapital, eingezahltes
contributed (paid-in) capital, fully paid up capital

Grundkapital, gesetzlich vorgeschriebenes
legal capital

Grundsatz, vollständige Erfassung von Aufwendungen und Erträge
all inclusive approach

Grundsätze der Bilanzierung
accounting principles

Grundsätze ordnungsgemäßer Abschlussprüfung
Generally Accepted Auditing Standards (GAAS)

Grundsteuer
real estate tax, land tax, local property tax, council tax (GB)

Gründungskosten
organizational costs, start up expenditures, formation costs, promotion costs

Gruppenbesteuerung (A)
group relief

gültig
valid

Güter, ungleiche
dissimilar assets

Gutschein
coupon, voucher

Gutschrift für mangelhafte Lieferung
purchase allowance

Gutschrift, nicht ordnungsgemäß gelieferte Produkte
sales allowance

Habenseite
right column, credit (cr)

Haftrücklage
holdback

Haftung, uneingeschränkte, gesamtschuldnerische
unlimited liability, joint and several liability

Haken
tick mark

haken, ab-
tick off

Halbfertige Erzeugnisse
work in process, work in progress (GB), semifinished products

Handel
merchandising business, commerce, trade

Handelsgesetzbuch
commercial code

Handelsinventurmethode
conventional retail inventory method

Handelsrecht
commercial law

Handelswaren
merchandise, goods for resale

Hauptabschlussübersicht
general ledger trial balance, work sheet

Hauptbuch
general ledger

Hauptversammlung
general meeting, shareholders' meeting

herausfinden

discover, determine, auch: settle, decide, conclude, ascertain, cause, affect, control, impel, terminate, decide upon

Herkunfts- und Verwendungsrechnung (C. F. Statement)

application of funds

Herstellung, Zeitraum

capitalization period

Herstellungskosten

historical costs, manufacturing costs, production costs, costs of conversion, prime costs, inventoriable costs

Herstellungskosten, fixe

fixed costs

Herstellungskosten, Obergrenze bei retrograder Ermittlung

ceiling

Hilfsstoffe

consumables (GB), supplies (US)

hinterfragen (von bestimmten Sachverhalten)

inquire

hinzurechnen

add back

höhere Gewalt

act of God, force majeure

Hypothek

mortgage

Hypothekardarlehen, grundbücherlich besichertes

mortgages payable, mortgages debts

Identitätspreisverfahren

specific identification

Immaterielle Vermögenswerte

intangible assets

Immaterielle Wirtschaftsgüter, begrenzte Nutzungsdauer, unbestimmte Nutzungsdauer

limited life intangibles, indefinite life intangibles

immerwährend

perpetual, continuous

Immobilien

real property, real estate, realty

Imparitätsprinzip

conservative approach, wörtlich: imparity principle

In Bau befindliche Anlagen

constructions in progress

indossieren

endorse

Innenumsatz

intracompany sales, intra group sales

Instandhaltung

maintenance, upkeep

Interne Kontrolle

internal control

Inventur

inventory count, stocktaking

Inventur, Fertigfabrikate, Halbfabrikate, Handelswaren, Rohmaterial

finished goods inventory, work in process inventory, merchandise inventory, raw materials inventory

Inventur, permanente

perpetual inventory, continuous inventory

Inventur, Stichtags-

periodic inventory

Inventurwert, Berechnung ausgehend vom Verkaufspreis

retail inventory

Inventurwert, entnommen aus Lagerbuchführung
book inventory

Inventurzettel (bei Zählung)
inventory tag

Investitionen in Mietobjekten
leasehold improvements

Investitionen, aktivierungspflichtige
capital expenditures, expenditure to acquire assets

Investitionen, langfristige
long term investments

Investitionsaktivitäten (C. F. Statement)
investing activities

Investitionszuschuss durch Steuerermäßigung
investment tax credit

Investitionszuschüsse aus öffentlicher Hand
subsidized out of public funds, subsidy, grant

Jahres ..., jährlich
annual

Jahresabschluss
financial statement

Jahresabschluss, aufgestellte Behauptungen im
assertions

Jahresabschluss, beschleunigter
fast close

Jahresabschluss, geprüft, ungeprüft
financial statement audited, financial statement unaudited

Jahresabschluss, manipulierter
fiddle the accounts, creative accounting

Jahresabschluss, mit Vorjahreszahlen
comparative financial statement

Jahresabschlussanalyse verschiedener Unternehmen zum selben Bilanzstichtag

cross-section financial statement analysis

Jahresabschlüsse, komprimierte

condensed financial statements

Jahresgewinn, Ausweis

retained earnings

Jahresüberschuss

annual surplus, net income, (net) profit, earnings

Journal

general journal

Kalkulation

costing, calculation, cost estimation

Kapital, genehmigtes

authorized stock, unissued capital stock

Kapitalertragsteuer

capital gains tax, withholding tax on investment income, capital yield tax

Kapitalflussrechnung

statement of cash flows

Kapitalgesellschaft (Firmenzusatz „Inc.")

corporation, company limited by shares (GB), joint stock company

Kapitalgesellschaft, Besteuerung wie Personengesellschaft (US)

Subchapter S Corporation

Kapitalgesellschaft, nicht gewinnorientierte bzw. gemeinnützige

nonprofit corporation

Kapitalkonsolidierung

capital consolidation

Kapitalrücklage

additional paid in capital, surplus, share premium (GB)

Kapitalrücklagen, Auflösung gewinnerhöhend zur Abdeckung von Verlusten
deficit reclassification

Kapitalwert (Barwert)
net present value, present value

Kassakurs
spot price

Kassenbuch
cash payments journal, cash receipts journal, cash disbursements journal, cash book

Kauf
acquisition, purchase

Kauf in Pausch und Bogen
lump sum (basket) purchase

Kaufangebot machen
bid

Kaufkraft
purchasing power

Kaufverpflichtungen
purchase commitments

Kaufverpflichtungen, unkündbare
unconditional purchase obligations

Kaution (zurückzahlbare)
compensating balance, returnable cash deposit, security deposit

Kommanditist
partner limited

Kommissionsware, Warensendung
consigned goods, consignment

Kommunalsteuer (A)
tax on wages and salaries, municipal tax, poll tax (GB)

Komplementär
partner general, unlimited partner

Konkurs
bankruptcy

Konkursquote
dividend in bankruptcy

Konsolidierung
consolidation

Konten, Gewinn- und Verlustrechnung
income accounts

Kontenplan
accounting classification, charts of accounts, classification of accounts

Kontierung nach einem Kontenplan
account allocation, account assignment, account distribution

Konto (vorläufiges)
account (suspense account)

Kontoauszug
statement of account, account statement

Kontokorrentkredit, Obergrenze für
line of current account credit

Kontoüberziehung
overdraft, overdrawing

Konzern, Verrechnungspreise
transfer prices, intercompany prices

Konzernabschluss
consolidated financial statement

Konzernumlage
group cost (management fee)

Konzernunternehmen
group company

körperliche Bestandsaufnahme der Vorräte
inventory count

Körperschaftsteuer
corporate tax, corporation tax

Körperschaftsteuer, Mindest-
(alternative, US) minimum tax

Korrektur vergangener Jahreabschlüsse
restatement

Korrektur, korrigieren
correction, revision, adjust

Korrekturbuchung
adjustment entry, correcting entry

Kosten, allgemeine
costs, general expenses

Kosten aufgrund der Nachbesserung bestehender Pensionsverträge
prior service costs

Kosten, die anfallen, auch wenn der Betrieb eingestellt wird
standby costs

Kosten, die zwischen Einkauf und Verkauf anfallen
carrying costs

Kosten durch fehlerhafte Produkte
normal spoilage

Kosten, Entwicklungs-
development costs

Kosten, Fertigungsgemein-
manufacturing overhead, factory burden, indirect labor costs

Kosten, Forschungs-
research costs

Kosten, Gemein-
indirect costs

Kosten, geplante
discretionary costs

Kosten, Grenz-
differential costs, incremental borrowing rate, marginal costs

Kosten, kalkulatorische
imputed costs

Kosten, Materialgemein-
material overheads

Kosten nach Einstellung der Produktion bzw. nach Schließung
shutdown costs

Kosten, Perioden-
period costs

Kosten, einem Produkt zuordenbare
traceable costs

Kosten, Produkteinführung
start up costs, start up activities

Kosten, Reise-
travel expenses, travelling expenses

Kosten, Umstellung
rearrangement and reinstallation costs, changeover costs

Kosten, ursprüngliche
original costs, acquisition costs

Kosten, variable
variable costs

Kosten, Verkaufs- und Vertriebs-
selling expenses, marketing costs, distribution costs

Kosten, Verteilung
amortized costs

Kosten, Verwaltungs-
administrative expenses, admin costs

Kosten, Wartungs-
maintenance costs, service costs

Kosten, Werbe-
advertising expenses, marketing costs

Kosten, Wiederbeschaffungs-
replacement costs

Kosten, Wiederherstellung und Wiederaufforstung
restoration costs, reproduction costs, reestablishment costs

Kostenbelastung
charge, cost burden

Kosten-Nutzen-Relation
cost-benefit relationship

Kostenrechnung
cost accounting, managerial accounting, management accounting

Kostenrechnung nach Einzelaufträgen
job order cost system

Kostenschätzung
assessment of costs, estimate of costs, quotation

Krankenstände, bezahlte
continuation of payments during sickness, compensated absences, sick pay

Kreditgeber
lender, creditor

Kreditlinie
line of credit, credit line

Kreditnehmer
borrower

Kreditrahmen
line of credit, credit facility

Kundenanzahlungen, wörtlich: aufgeschobener Ertrag
deferred revenue, advances received

Kundenkonto
customers' ledger, customers account

Kundenpersonenkonto
accounts receivable ledger

Kursgewinn, Kursverlust durch Wechselkursveränderungen
foreign exchange gain, foreign exchange loss

kurzfristig
current, short term

Lagebericht
management's discussion and analysis

Lagerstandsdauer
average days to sell inventory, storage period

Lagerumschlag der Vorräte, für Waren
inventory turnover, merchandising turnover

Landeswährung
local currency

langfristig
noncurrent, long term

latente Steuerforderungen (Steueraufwand)
deferred tax assets (deferred tax expense)

latente Steuern, abzugsfähige, vorübergehende Differenzen bei Ermittlung
deductible temporary difference

latente Steuern, Differenzen zwischen handelsrechtlichem und steuerlichem Bilanzansatz, die sich in der Folge wieder aufheben
reversing difference, temporary differences between book income and taxable income

latente Steuern, Rückstellung
deferred tax liability

latente Steuern, Teil der aktiven latenten Steuern, der voraussichtlich nicht genutzt werden kann

valuation allowance

latente Steuern, Zeitplan über Umkehr temporärer Differenzen bei Ermittlung

scheduling

Leasing, günstige Verlängerungsoption, Kaufoption

bargain renewal option, auch: bargain purchase option, hire-purchase agreement

Leasing, kalkulierte Zinsen

implicit interest rate

Leasing, Nebenkosten

executory costs

Leasing, Restwert

guaranteed residual value

Leasingdauer

lease term

Leasingforderung beim Leasinggeber (Kauf)

gross investment, gross investment in the lease

Leasinggeber

lessor, landlord

Leasingnehmer

lessee, leaseholder, tenant

Leasingverhältnis, Beginn

inception of a lease

Leasingzahlung, Mindest-

minimum lease payment

lebenslänglich, auf ewig

perpetuity, lifelong, for life

Leibrente

life annuity

Leistungen, noch nicht ausgeführte
unfilled orders, backlog

Leistungsvereinbarung
executory contract

Lieferant
supplier

Lieferanten, Anzahlungen an
advances to suppliers, deposit to …, installment

Lieferantenkredit
trade credit, supplier credit

Lieferantenpersonenkonto
accounts payable ledger, supplier account

Lieferforderungen
accounts receivable trade, trade debtors (GB)

Lieferschulden, Lieferverbindlichkeiten
trade accounts payable, accounts payable trade, trade creditors (GB)

Lieferung
shipment, dispatch, delivery, supply of goods

Lieferung, Zeitpunkt des Eigentumsübergangs
point of sale, title to goods transfers

LIFO-Methode, die von Warengruppen ausgeht (US)
specific goods pooled LIFO approach, dollar value LIFO

Limit, Hürde, Obergrenze
cut off rate, hurdle rate, upper limit

linear (abschreiben)
straight line depreciation

Liquidation eines Unternehmens
winding up, liquidation

Liquidierung, Bezahlung, Begleichung
settlement, payment

Liquidität zweiten Grades
quick ratio, acid test ratio

Liquiditätsreserve
working capital

Lizenzgebühr
royalty, licence fee (GB), license (US)

Lohnauszahlung bei Stundenlohnvereinbarung
hourly employee basis

Löhne
wages, pay

Lohnkonten
payroll register, payroll account

Lohnliste
payroll, payroll register

Lohnsteuer
wage tax, payroll taxes

Marke
trademark, trade name, brand

Marktreife
market feasibility

Marktwert
fair market value

Marktwert, mittlerer Wert von Wiederbeschaffungskosten am Beschaffungsmarkt, Obergrenze und Untergrenze am Absatzmarkt
lower of cost or market

Marktwertmethode
fair market value method

Maschinen und maschinelle Anlagen
machinery and equipment

Maschinenpark
plant

Methode zur Pensionsberechnung auf Basis künftiger Ansprüche
projected unit credit method

Methode, Bewertung des verwässerten Ergebnisses je Aktie
if converted method

Methode, Bewertung von Aktienoptionen
intrinsic value method

Methode, direkte Ausbuchung
direct write-off method

Methode, direkte, indirekte
direct method, indirect method

Methode, Gewinnrealisierung beim Ratengeschäft
instalment method, auch: installment

Mietbesitz
leasehold

Miete
lease, operating leasing, rent, charter, let, hire

Mieter
lessee, tenant

Mietkaufverträge
hire-purchase contract

Minderheitenanteil
minority interest

Mindestkapital (gesetzliches)
minimum capital (legal capital)

Mittelverwendung (Kapitalflussrechnung)
application of funds

Mittelwert
average, mean

möglich (aber nicht wahrscheinlich)
possible

Möglichkeit, begründete
reasonably possible, reasonably contingency

Muttergesellschaft
parent company

nach Steuern
after tax

Nachlässe
allowances

nachrangig
subordinated, junior

nachrechnen
recompute

Nennbetrag, Nennwert
par value, face value, nominal value, principal

Nenner (Bruchrechnung)
denominator

netto
net

Nettoerlöse
net sales

Nettogehalt, Nettolohn
net pay

Nettomethode
net method

Nettopensionsforderung (IFRS)
defined benefit asset

Nettopensionsverpflichtung (US GAAP)
additional minimum liability

Nettopensionsverpflichtung (IFRS)
defined benefit liability

Nettorealisationswert
net realizable value

Nettorealisationswert abzüglich einer Gewinnspanne
net realizable value less a normal profit margin

Neubewertungsmethode bei Vollkonsolidierung
entity concept

nicht ausgewiesen
unaccounted for

nicht eingezahlt
outstanding, unpaid, uncollected

nicht zu versteuern
non taxable

Niedrigsteuerland
tax haven, low tax country

Nominale
face value, face amount, par, nominal value, principal

Nominalverzinsung
nominal rate, stated rate, face rate

Nominalwertmethode
par value method

Notar
notary public

Null (Risiken sind praktisch Null)
nil (risks are virtually nil), zero

Nutzen, künftiger wirtschaftlicher
future economic benefit

Nützlichkeit für den Bilanzleser
decision usefulness

Nutzungsdauer, Anlagevermögen
useful life

Nutzungsdauer, begrenzte
limited useful life

Nutzungsdauer, unbestimmbare
indefinite useful life

Nutzungsdauer, wirtschaftliche
economic life

Nutzungsrecht, fremdes Grundstück
easement

Nutzungswert
value in use

Obergrenze
cutoff rate, upper limit, cap

Obergrenze der Beschäftigung
practical capacity

Obergrenze, Bewertung von Vorräten am Absatzmarkt
upper (ceiling) limit

Objektgesellschaften
special purpose entities

obligatorisch
compulsory, mandatory, obligatory

offen stehend
outstanding, unpaid, uncollected

Offenlegung, angemessene
adequate disclosure

Option, Ausübung
exercise

Ordner
binder, folder, file

Organschaft
fiscal unity, group relief

Pacht
rent, lease, charter, let, hire

Pachtbesitz
leasehold

Patentgebühr
royalty, patent licence

Pensionsansprüche, erworbene (unverfallbare)
vested benefits

Pensionsansprüche, Mitnahme bei Arbeitsplatzwechsel
cash balance plans

Pensionsansprüche, Verschlechterung
curtailment

Pensionsaufwand, Netto-
net periodic pension cost

Pensionsaufwand, Verteilung auf die Restarbeitszeit
years of service method

Pensionsaufwand, Zusammensetzung
components of pension expense

Pensionsfonds
pension fund

Pensionsfonds, Ertrag
actual return on plan assets

Pensionsfonds, veranlagtes Vermögen
plan assets

Pensionsfondsvermögen, erwarteter Ertrag
expected rate of return

Pensionsplan, beitragsorientierter
defined contribution plan

Pensionsplan, Finanzierungsstatus
funded status of plan

Pensionsplan, leistungsorientierter
defined benefit plan

Pensionspläne
contributory pension plans, defined benefit plans

Pensionsrückstellung
accrued pension cost, pension provision

Pensionsrückstellung, Ausweis nicht im Fondsvermögen gedeckter Verpflichtungen
additional liability

Pensionsrückstellung, Mindest-
minimum liability, auch: additional minimum liability

Pensionsvereinbarungen, Übereinstimmung mit dem amerikanischen Steuergesetz
qualified pension plan

Pensionsverpflichtung, kumulierte
accumulated benefit obligation

Pensionsverpflichtung, nicht berücksichtigt Gewinn und Verlust
unrecognized net gain or loss

Pensionsverpflichtung zum künftigen Gehaltsniveau
projected benefit obligation

Pensionsverträge, abgesichert durch gesondertes Fondsvermögen
funded pension plan

Pensionsverträge, rückwirkende Verbesserungen
retroactive benefits

Pensionsvorsorge, beitragsfrei für Arbeitnehmer
noncontributory pension plan

Pensionszusage, Änderung einer bestehenden
plan amendment

Pensionszusage, keine Deckung durch Fondsvermögen
unfunded plans

Pensionszusage, ohne Rechtsanspruch
non vested benefits

Person, nahestehende
related party

Personengesellschaft
partnership

Personengesellschaft, Auflösung
dissolution

Personengesellschaft, Aufnahme eines neuen Partners
admission of partner

Personengesellschaft, Entnahmen/Zahlungen an einen Partner
partner's drawing

Personengesellschaft, nicht vollhaftender Partner, vollhaftender Partner
limited partner, general partner

Personenkonten
customers' ledger, subsidiary ledger

Pfand
collateral, surety, guaranty, pawn

Pfandrecht
lien, pledge

Pfändung eines Vermögensgegenstandes
attachment, seizure

Plausibilitätsprüfung
analytical procedure

Portokassa
petty cash

Positionen, irreguläre, ungewöhnliche
irregular items

Positionen, noch nicht ausgeglichene
open items

Posten, außerordentliche
extraordinary items, exceptional items, unusual or infrequent items

Prämie, bezahlt für eine besondere Leistung
bonus

Prämien zur Kundenbelohnung, auch an Versicherung
premiums

Preis im Zeitpunkt der Ausübung einer Kaufoption
strike (exercise) price

Preisaufschlag
markup

Preisminderung, in Folge von Reklamation
allowances

Preisnachlass, Preisreduzierung
sales allowance, markdown, price reduction, discount

Prinzip Aufwands- und Ertragsverknüpfung
matching principle, matching convention

Prinzip der vollständigen Offenlegung
full disclosure principle

Privatkonto
drawing account, private account

Probebilanz
trial balance

Produkte, fehlerhafte, minderwertige
spoilage

Produkthaftungsrückstellung
product liability provision

Profit
earnings, revenue, proceeds, profit, gain, dividends, pay

prognosefähig
predictive value, predict

prolongieren
carryover, prolong, extend

Protokoll
minutes, protocol, record

Provisionen
commissions

Prozentbilanz
percentage statement

Prozentsatz
percentage

Prüfsumme
hash total

Prüfung auf Stichprobenbasis
audit sampling

Prüfung ohne Bestätigungsvermerk
review

Prüfung, lückenlose
detailed test

Prüfung, tolerierte Fehlerquote
tolerable rate

Prüfung, vorverlagerte
continuous audit

Prüfung, Wirksamkeit
effectiveness

Prüfungsfeststellungen
reportable conditions

Prüfungsgrundsätze
standards of auditing

Prüfungshandlung
auditing procedure

Prüfungshandlung, ausgehend vom Beleg bis zum Bilanzansatz
trace

Prüfungshandlung, vom Bilanzansatz zurück zum Beleg
vouch

Prüfungsrisiko
audit risk

Prüfungstätigkeit, Wirkungsgrad
efficiency

Prüfungsumfang
scope of audit

Prüfungsumfang, eingeschränkt durch Behinderung
scope limitation

Prüfungsurteil (des Wirtschaftsprüfers)
opinion

Prüfungswesen
auditing

Prüfungszeitraum nach dem Bilanzstichtag
real time audit

Prüfzeichen
tick mark

Publikationen der American Accounting Association
Accounting Review

Quartal
quarter

Quellenabzugsteuer (Lohnsteuer, Kapitalertragsteuer)
withholding tax, pay as you earn, tax deducted at source

Quittung
receipt

Quotenkonsolidierung
pro rata consolidation, proportionate consolidation

Rabatt
trade discount (*Händlerrabatt*), quantity discount (*Mengenrabatt*)

Rahmenkonzept
framework

Rate, jährlich fällige
annuity due, installment

Ratenzahlung (Steuern)
debt service payment (installment payment of tax)

Realverzinsung
effective interest method, effective interest rate, effective yield

Rechenfehler
calculation error, arithmetical error

Rechnung
invoice, bill

Rechnungsabgrenzung, aktive
prepaid expense, deferred charges

Rechnungsabgrenzung, passive
unearned revenue, deferred income

Rechnungsjahr
accounting year

Rechnungswesen
accounting, accounting information system, accountancy

Rechte, erworbene
accumulated rights, vested rights

Rechtsberatungskosten
legal fees, legal expenses, attorneys' fees

Rechtsdurchsetzung (hier: Kontrolle der Einhaltung der IFRS im Rahmen des neuen europäischen Enforcement-Systems)
enforcement

Rechtsfähigkeit einer Gesellschaft
separate legal existence, legal capacity

Rechtsformwechsel
conversion of legal form, change of legal form

Rechtskosten
legal costs, legal fees

rechtskräftig
valid, final and absolute

Register
register, voucher register

Regressanspruch, mit
with recourse

Relation
ratio, appropriateness, proportion

Relevanz
relevance

Rendite
return, yield

Rendite, kalkulatorische
imputed interest rate

Rentabilität
profitability

Reparaturen
repairs

Reparaturen, aktivierungspflichtige
major repairs

Retouren
returns

Richtigkeit, rechnerische
accuracy, clerical accuracy

Risiko, Cashflow
cash flow risk

Risiko, Entdeckungsrisiko des Wirtschaftsprüfers
detection risk

Risiko, innewohnendes
inherent risk

Risiko, Nicht-Funktionieren der internen Kontrolle
control risk

Rohaufschlag
cost-to-retail ratio

Rohstoffe
commodities, raw materials

Rohstoffe, die verbraucht werden (wörtlich: verfallende Vermögenswerte)
wasting assets

Rückbehalt
holdback

rückgestellt
accrued

Rückgewinnungswert
recoverable amount

Rückkaufswert einer Versicherung
cash (surrender) value of life insurance

Rücklage
reserve

Rücklage für eigene Aktien
reserve for treasury stock

Rücklage für Ersatzbeschaffung
replacement reserve

Rücklage, auflösen
release a reserve, reverse a reserve

Rücklage, freie
unappropriated reserve

Rücklage für nicht realisierten Gewinn (Verlust)
accumulated other comprehensive income

Rücklage, gesetzliche
legal (statutory) reserve

Rücklage, unversteuerte
untaxed reserve

Rückstand
backlog, be in arrears, outstanding payments

Rückstellung für drohende Verluste
provision for contingent losses

Rückstellung für drohende Verluste aus schwebenden Geschäften
provision for expected losses from pending transactions

Rückstellung für Gewährleistung bzw. Garantie
provision for warranties, guarantees

Rückstellung für Jubiläumsgelder
anniversary bonus accrual, provision for anniversary bonuses

Rückstellung für nicht konsumierte Urlaube
paid leave accrual, accrual for vacation pay

Rückstellung für Umweltlasten
provision for environmental commitments

Rückstellung, auflösen
reverse a provision, reverse an accrual, liquidate a provision, retransfer a provision

Rückstellung, bilden
accrue, form a provision, set up a provision

Rückstellungen
provisions, accruals, deferred credits, loss contingencies, accrued liability (US GAAP: contingent liabilities)

Rückstellungen, Anpassung
adjustment of provision

rückwirkend, rückwirkende Korrektur
retroactive

rückzahlbar
redeemable, repayable

Rückzahlung
redemption, return of capital

Rückzahlungsrate
annuity

Rückzahlungsrate, endfällig
ordinary annuity

Rückzahlungsrate, späterer Beginn
deferred annuity

Rückzahlungsverpflichtung, jährliche und variable
variable annuity

Sachanlagevermögen
plant assets, fixed assets, property, plant, equipment

Sachanlagevermögen, Verbesserung
improvements (betterments)

Sachgüter, getauscht
exchange of nonmonetary assets

Sachverhalten, fragwürdige Interpretation von
creative accounting

Saldenbestätigung mit Rückantwort bei festgestellter Differenz
negative confirmation

Saldenbestätigung mit verpflichtender Rückantwort
positive confirmation

Saldenbilanz, adaptierte
adjusted trial balance

Saldenbilanz, Saldenliste
after closing trial balance, post closing trial balance

Saldo
balance

Saldo bei erstmaliger Anwendung der US GAAP Vorschrift
transition amount

Saldovortrag
carryforward, opening balance

Satzung
articles of incorporation, articles

Säumniszuschlag
late payment penalty

Schadenersatz, ideeller
punitive damages

Schadensfall
case of loss, damage event

Schätzung bei Bilanzierung, schätzen
estimation, appraisal, estimate

Scheck
draft, check

Scheck, Aussteller
maker of check, drawer

Scheckreiterei
kiting

Scheingeschäft
wash sale, bogus transaction

Schenkungssteuer
gift tax

Schichten (von Warenbeständen)
layer

Schichtung der Gesamtmenge für Stichproben
stratifying

schrittweise
incremental, piecemeal

Schrottwert
residual value, scrap value, salvage value

Schuld
obligation, liability, debt

Schuld, nachlassen einer, Schuldennachlass
defeasance, troubled debt restructuring

Schuld, Rückzahlung
extinguishment of debt, pay off debt

Schuldner
debtor, obligor

Schuldverschreibung
bond, debenture, note

Schwelle
threshold

Schwund
shrinkage, wastage

Segmentberichterstattung
segment reporting

Segmenterträge
segment revenue

sehr unwahrscheinlich
remote

selbsterstellte Anlagen
internally constructed (self constructed) plant and equipment

Selbstständiger mit Werkvertrag
independent contractors, self employed

Selbstveranlagung
self assessment

Selbstversicherung
self insurance

Sicherheitsgrad
assurance, confidence, confidence level

Sicherheitsleistung für langfristige Forderungen
securitization, collateral

Sicherungsgeschäft, Warentermingeschäft
hedging, hedge accounting

Sitzungsprotokoll
abstract of minutes, minutes of a meeting

Skonti, nicht ausgenützte
discounts lapsed (lost)

Skonto
cash discount, sales discount, purchase discount

Sollseite
left column, debit (dr)

sonstige
sundry, miscellaneous

Sorgfalt, angemessene
due diligence, due care

Sorgfaltspflicht
due care, reasonable care

Sozialaufwand, freiwilliger
fringe benefits

Sozialversicherungsbeiträge
social security contributions

Spanne
margin, spread

speichern (EDV)
storage

Spenden
contributions, donations

Sperrfrist
vesting period

Stammkapital, eingezahltes
contributed (paid-in) capital

Standardmethode (IFRS)
benchmark treatment

Stapelverarbeitung (EDV)
batch processing

Startzahl für Beginn der Stichproben
random start

Statuten
articles of incorporation, by laws (US)

Stellenwertfehler
slide

Sterbetafel
mortality rate table

Stetigkeitsprinzip
consistency

Steuer
tax

Steuer, einbehaltene (wörtlich)
withholding tax

Steuer, erheben, vorschreiben
levy

Steuerabsetzbeträge, vorgetragene
tax credit carryforward

Steueraufwand
tax expenses

steuerbefreit
tax exempt

Steuerbegünstigung
tax break, tax privilege

Steuerberater
tax consultant, tax adviser, tax counsel

Steuerbescheid
tax assessment note (notice)

Steuererklärung
tax return

Steuererleichterung
tax relief

Steuerersparnis
tax shield, tax saving

Steuerfahndung
tax investigation, tax fraud investigation

Steuerfreibetrag (für Investitionen)
tax allowance (investment allowance)

Steuerfreiheit, steuerfrei
exemption, tax exempt, tax free

Steuergruppe, Steuerklasse, Steuerstufe
tax bracket

Steuergutschrift (für Investitionen)
tax credit (investment tax credit)

Steuergutschrift wegen Verlustrücktrages
current tax benefit

Steuerhinterziehung
tax fraud, tax evasion

steuerlich
fiscal, tax wise

steuerlich absetzbar
allowable deduction, tax deductible

steuerlicher Anreiz
tax incentive

steuerlicher Buchwert für Vermögensgegenstände und Schulden
tax basis of assets and liabilities

Steuerlücke
tax loophole

Steueroase
tax haven, fiscal paradise

steuerpflichtig
liable for tax, taxable, subject to taxation

Steuerrückstände
back taxes, tax arrears

Steuerrückstellung
provision for income tax, tax accrual

Steuersatz, aktueller, tatsächlicher
enacted tax rate, effective tax rate

Steuersatz, zukünftige
enacted future tax rate

Steuerschuld
tax due, tax liability

Steuersenkung
tax cut, tax reduction

Steuervermeidung
tax avoidance

Steuervorteil
tax advantage, tax benefit, tax shield

Steuerwert eines Vermögens oder einer Schuld
tax base of an asset or liability, value for tax purposes

Stichprobe
attribute sampling, statistical sample, variable sampling

Stichproben, gewichtet nach Größe
probability proportional to size

Stichproben, Grundgesamtheit für
population

Stichprobenabstand
sampling interval

Stichprobenauswahl nach Gruppen
block sampling

Stichprobenauswahl, Zufallsprinzip
random number sampling

Stichtagskurs
closing rate

Stichtagskursmethode
current rate method

Stiftung
foundation, endowed institution

stille Reserve
hidden reserve, secret reserve

stiller Gesellschafter
partner silent, sleeping, dormant partner

stornieren, Stornierung (einer Buchung)
cancel, elimination, reverse (an entry)

Stornobuchungen
reversing (reversal) entries, reversal of entries

streichen
cancel

stufenweise
incremental, piecemeal

Subventionen
subsidies, grants

Summe (Zwischensumme)
amount, total (subtotal)

Tageskurs
spot price, market price

Tageswert
fair value, current value

Tantieme
royalty, bonus, percentage of the profits

Tarifsteuersatz
statutory tax rate

Tausch
exchange of assets, barter

Tausch, Ausgleichszahlungen beim
boot

Tausch gleichartiger Vermögenswerte
like kind exchange

technische Reife, Tauglichkeit
technological feasibility

Teilgewinnrealisierung, angefallene Kosten zu Gesamtkosten
percentage of completion, cost-to-cost basis

Teilgewinnrealisierung, Erhebung des Arbeitsfortschrittes
percentage of completion, survey of work performed

Teilgewinnrealisierung nach Fertigstellungsgrad
percentage of completion method

Teilkonsolidierung
equity method

Teilkostenrechnung, nur Einzelkosten
variable costing system

Termingeld
time deposit

Termingeschäft
forward contract

Terminkontrakt
futures contract

Tilgung
redemption, principal repayment

T-Konto
T-account

Tochtergesellschaft, ausländische, die finanziell und wirtschaftlich unabhängig von der Muttergesellschaft ist
self-sustaining foreign operation, foreign entity

Tochterunternehmen, beherrschender Einfluss
subsidiary

Transaktion, zufällige, beiläufige
incidental transaction

Transport
shipment, conveyance

Trennung von Unternehmen und Eigentümer
business entity concept

Treuhänder
fiduciary, trustee

überbewerten
overestimate, overstate, overvalue

Übereinkunft
settlement, arrangement, accord

Überprüfbarkeit, überprüfbar
verifiability, verifiable

überprüfen
control, review, investigate, verify, check

Überprüfung, Bilanzposition mit den zugrunde liegenden Belegen (Eingangsrechnung usw.)
vouching

Überprüfung größerer Zusammenhänge, von Abläufen
transaction cycle, cycle tests

Überprüfung der rechnerischen Übereinstimmung von Soll- und Habenbeträgen im Journal
proof of journal

überschätzen
overestimate

Überstundenaufwand
overtime expense

Überstundenvergütung
overtime earning, overtime payment

Überstundenzuschlag
overtime rate

übertragbar
negotiable, transferable

übertragen
carryover, transfer

Übertragung der Pensionsverpflichtungen
settlements

Übertragung der Pensionsverpflichtungen, Zinssatz
settlement rate

Übertragung stiller Reserven
carry over of capital gains

Übertragung, Journal auf Hauptbuchkonten
posting

Überwachung
observation, monitoring, surveillance

Überweisung
remittance, transfer

Überweisung an Bank, von Bank noch nicht erfasst
deposit in transit

überziehen, Überziehung
overdraw, exceed, bank overdraft

Überziehungszeitraum
days of grace

Umbuchung
adjusting entry, reversing entry, reposting, rebooking

Umlaufvermögen
current assets

Umsatz
turnover, sales, revenue

Umsatzkostenverfahren
income by function

Umsatzrentabilität
profit margin on sales ratio

Umsatzsteuer
value added tax (VAT)

unbedeutend
immaterial, insignificant

unbeglichen (Rechnung, Schuld)
outstanding (invoice, debt)

unfreiwilliger Untergang
involuntary conversion

ungedeckt
unfunded

ungeklärt
unaccounted for, unsolved

unkündbar
noncancelable, perpetual

Unregelmäßigkeiten aufdecken
forensic accounting

Untergrenze beim Preis vom Absatzmarkt
lower (floor) limit

Unterhaltszahlung
alimony, maintenance

Unterkonto
adjunct account, detail account, subaccount

Unternehmen, ausländische
foreign business

Unternehmen, berichterstattendes
reporting enterprise

Unternehmen, gemeinnütziges
not for profit corporation

Unternehmen, Liquidation
liquidation, business breakup

Unternehmen, neu gegründetes
development stage enterprise

Unternehmen, verbundenes
subsidiary, affiliation, controlling interest

Unternehmensberater
business consultant

Unternehmensfortführungsfiktion
going concern principle

Unternehmensteil
operating segment

Unternehmenszusammenschluss
business combination

Unternehmerlohn
salary allowance

Unterschlagung
defalcation, embezzlement

Unterschlagung von Vermögensgegenständen
misappropriation of assets

Unterschlagung durch Zusammenspiel von Mitarbeitern
collusion

unterstützen, Unterstützung
endorse, support

unwesentlich
immaterial, insignificant

unwiderrufbar
irrevocable

Urheberrecht
copyright

Urkunde
certificate, document, instrument

Urlaub, bezahlter
compensated absence

US-Bilanzierungsvorschriften
Generally Accepted Accounting Principles (GAAP)

US-Börsenaufsichtsbehörde
Securities and Exchange Commission (SEC)

US-Bundessteuergesetzbuch
Internal Revenue Code (IRC)

US-Gesetze über den Handel von Wertpapieren
blue sky law

US-Pensionsfürsorgegesetz
Employee Retirement Income Security Act (ERISA)

US-Prüfungsstandards
generally accepted auditing standards (GAAS)

US-Rechnungsweseninformationen unter www.rutgers.edu/Accounting
Rutgers Accounting Web

US-Sozialversicherungsgesetz
Federal Insurance Contributions Act (FICA)

US-Standardsetter, Bilanzierung der öffentlichen Hand, Non-Profit-Unternehmen
Governmental Accounting Standards Board (GASB)

US-Steuerbehörde
Internal Revenue Service (IRS), Treasury Department

Veränderung des Konsolidierungskreises
change in reporting entity

Veränderung eines Bewertungsansatzes
change in accounting principle

Veränderungen in den Einschätzungen (z.B. Nutzungsdauer)
changes in estimate

Veranlagung von Steuern
tax assessment

Veranlagungsjahr
assessment year

veranlassen
determine, auch: settle, decide, conclude, ascertain, cause, affect, control, impel, terminate, and decide upon

Verantwortung, gesetzliche
legal liability

verarbeiten (EDV)
process

Verbesserung durch Änderung
amendment, enhancement, improvement

Verbesserungen, Anlagegüter
betterments, renovation

Verbindlichkeit
obligation, liability, debt

Verbindlichkeit, langfristig, davon in zwölf Monaten fällig, kurzfristiger Teil
current portion of long-term debt

Verbindlichkeit, Rückzahlungsverpflichtung für
debt service payment

Verbindlichkeiten, kurzfristige
current liabilities

Verbindlichkeiten, langfristige
long term debt, long term liabilities

Verbindlichkeitsrückstellungen
contingencies, contingent liabilities

Verbrauchsfolge, Annahme der
flow assumption

Verbrauchsfolge, FIFO
first-in, first-out (FIFO) method

Verbrauchsfolge, LIFO
last-in, first-out (LIFO) method

Verbrauchsmaterial
consumables, process materials, operating supplies

Verbrauchssteuer
excise duty, excise tax, consumption tax

Verbuchung als Verbindlichkeit, Anzahlung
liability, deposit method

verbundene Unternehmen (Anteile über 50 %)
subsidiary, affiliation

Vereinbarung
settlement, covenant, agreement, contract

Vereinbarung, gesellschaftsvertragliche über Aufteilung von Gewinn und Verlust
profit and loss sharing agreement

Vereinbarung, Kaufverpflichtung mit unbedingter Zahlungsverpflichtung
take or pay contract, purchase commitment

Vereinbarung zwischen zwei Parteien zur Zahlung, zur Absicherung von Zinsen, wörtlich: Tausch
swap

Verfügbarkeit
power of disposition, authority to dispose, constructive receipt

Vergleich, außergerichtlicher
out of court settlement, compromise

Vergleich, eigene Leistung mit Leistung der Besten in der Branche
benchmarking

Vergleichbarkeit
comparability

vergleichen mit
check against, compare with

Vergütung, abhängig von Produktivität
piecework basis

Verhältnis (-zahl)
ratio

Verhältnis Börsen- oder Marktpreis zum Buchwert
lower of cost or market

Verhältnis Dividende zu Gewinn
payout ratio

Verhältnis von Eigen- und Fremdkapital
gearing

Verhältnis Fremdkapital zu Aktiva
debt to total assets ratio

Verhältnis Fremdkapital zu Eigenkapital
debt-equity ratio

Verhältnis Gewinn zu Eigenkapital
rate of return on common stock equity

Verhältnis Kurs zu Gewinn (KGV)
price earnings ratio

Verhältnis Umlaufvermögen zu kurzfristigem Fremdkapital
current ratio

Verifizierbarkeit
verifiability

Verkauf auf Ziel
sale on credit, credit sale

Verkaufsoption
put

Verkaufsrecht von Produkt oder Dienstleistung
franchise

Verlässlichkeit
reliability, dependability

Verlust
loss

Verlust aufgrund einer Fremdwährungsdifferenz
translation loss

Verlust, hohe Wahrscheinlichkeit des Eintritts
probable

Verlust, unerwarteter
unexpected loss

Verlustausgleich, Verlustabdeckung, Verlustübernahme
loss absorption, loss set-off, transfer of losses

Verlustbeteiligungsgesellschaft
tax shelter company

Verluste durch fehlende Lagerbestände
out-of-stock cost

Verluste, nicht realisierte
holding losses

Verlustrücktrag
loss carryback

Verlustvortrag
accumulated loss brought forward, accumulated deficit, loss carryforward

Verlustzuweisung
loss allocation

vermieten
lease, rent, let (GB)

Vermieter
lessor, landlord

Vermögen
assets, property

Vermögensteile, gekennzeichnete, die bestimmt sind zur Besicherung einer Schuld des Unternehmens
sinking fund

Vermögensteile, liquide
quick assets

Vermögensvergleich
accrual basis of accounting

Vermögenswerte, betrieblich nicht mehr genutzte
idle assets

verpfändet
pledged

Verpflichtung
obligation, commitment, duty

Verpflichtung, faktische
constructive obligation

Verpflichtung, feste
firm commitment, binding commitment

Verrechnungskreis
accounting entity

Versand
shipment, dispatch, consignment

verschieben
carryover, defer

Verschiedenes, sonstige Angaben
miscellaneous

Verschmelzung
merger

Versicherung
insurance, reimbursement

Versicherungsmathematiker
actuary

versicherungsmathematisch
actuarial

versicherungsmathematische Gewinne und Verluste
actuarial gains and losses

versicherungsmathematischer Barwert
actuarial present value

Versicherungsvergütung
insurance compensation, reimbursement

Verspätungszuschlag
late filing penalty, late fee

Versteigerungserlös
fraudulent conveyance

Versuch, ausgeborgtes Geld nicht beim Mutterunternehmen als Verbindlichkeit auszuweisen
off balance sheet financing

Verteilung, anteilsmäßige
prorate

Vertrag
covenant, agreement, contract

Vertrag, belastender (unvorteilhafter)
onerous contract

Vertragspartner, der andere bzw. der gegenüber sitzende
counter-party

Vertriebsleiter
COO (chief operating officer)

Veruntreuung
defalcation, embezzlement

Veruntreuung nach folgendem Muster: Der Zahlungseingang für eine Forderung wird widerrechtlich entnommen und der nächst folgende Zahlungseingang wird für die ursprüngliche Forderung verwendet. Der dann dritte Zahlungseingang wird für die Abdeckung der zweiten Forderung verwendet usw.
lapping (accounts receivable)

Verwässerung
dilution

Verzeichnis
register, list, directory

Verzugsdividende, Nachholung von Dividendenausschüttung aus Verlustjahren
cumulative dividend

Vollkonsolidierung
full consolidation

Vollmacht
proxy, power of attorney, authorization

Vollständigkeitserklärung
representation letter

Vollstreckungserlös
fraudulent conveyance

Vorauszahlung
prepayment, advance payment, upfront payment, deposit, for example: prepaid income

Vorjahr
preceding/previous year, prior year

Vorräte
inventories, stocks

Vorräte, Mindestbestand an
safety stock

Vorratsbeschaffung im Zeitpunkt der Produktion
just in time inventory

Vorschuss
advance

Vorsichtsprinzip
conservatism, prudence

Vorsorge für eine erwartete Ausgabe
encumbrance

Vorstand
management board, board of directors, officer (chief executive officer)

Vorstandsprotokolle
minutes book, records

Vorstandsvorsitzender
CEO (chief executive officer)

vortragen (Verluste)
carryforward

Vorzugsaktie mit Rückgaberecht
redeemable preferred stock

Vorzugsaktie mit Umtauschoption in Stammaktien
convertible preferred stock

Vorzugsaktie, Nachholung entgangener Gewinne
cumulative preferred stock

Vorzugsaktien
preferred stock, preference share, preferred share

Vorzugsaktien, Erhalt einer Vorzugsdividende und eines Gewinnanteils am verbleibenden Gewinn
participating dividend

Vorzugsaktien, neben garantierter Dividende auch am Restgewinn beteiligt
participating preferred stock

Vorzugsaktien, Recht auf Liquidationserlöse vor den Stammaktionären
preference as to assets

Vorzugsdividenden auf Wartetaste
preferred dividends in arrears, dividends in arrears

Wahrscheinlichkeit über 50 %
more likely than not

Währungskursdifferenz
exchange difference

Wareneinsatz
cost of goods sold, cost of sales

Warenzeichen
trademark, trade name, brand

Wartekonto
suspense account

Wartung
maintenance

Wechsel
note payable, promissory note, bill payable, draft

Wechsel, Aussteller
maker of note, drawer

Wechsel, nicht eingelöst am Fälligkeitstag
dishonoured note

Wechseldiskontierung
discounting note, discounting of a bill

Wechselforderungen
notes receivable, bills receivable

Wechselkurs
exchange rate

Wechselverbindlichkeit, hypothekarisch besicherte
mortgage note payable (bill payable)

Wechselverbindlichkeiten
notes payable, trade notes payable, bills payable

Wechselzinsen, im Gesamtbetrag enthalten
zero interest bearing notes

Werbungskosten
income related expenses, income connected expenses

Werk
plant, factory

Wert am Fälligkeitstag
maturity value

Wert, abschreibbarer
depreciable value, depreciable cost

Wert, angegebener
stated value

Wert, bei Veräußerung erzielbarer
realizable value

Wert, beizulegender
fair value

Wert der gewonnenen Informationen
feedback value

Wert eines Geldbetrages in Beziehung zur Zeit
time value of money

Wertansatz
valuation, basis, assigned value

Wertberichtigung bei Wertpapieren, indirektes Konto
fair value adjustment, valuation allowance for investments

Wertberichtigung für Forderungen
allowance for doubtful accounts, valuation allowance for accounts receivable

Wertberichtigung von Anlagegütern
write-down, valuation allowance for fixed assets

Wertberichtigung von Forderungen mit einem Prozentsatz des Erlöses, G+V orientiert
percentage of sales approach

Wertberichtigung von Forderungen, Prozentsatz, mit dem Forderung uneinbringlich wird, Bilanz orientiert
percentage of receivables approach

Wertberichtigung von zweifelhaften Forderungen

reserve/provision/allowance for bad/doubtful debts, accounts

Werthaltigkeitstest

impairment test, recoverability test

Wertminderung durch technische Abnutzung

physical deterioration, wear and tear

Wertpapiere

securities, investments

Wertpapiere des Umlaufvermögens

trading securities (GAAP), financial assets at fair value through profit and loss (IFRS), short term investments

Wertpapiere, außerbörslicher Handel

over the counter

Wertpapiere, Emittent

investee

Wertpapiere, gemeinsame Bewertung (saldiert) des Bestandes

portfolio of securities (aggregated cost) evaluation, … assessment

Wertpapiere halten bis zur Endfälligkeit

held to maturity securities

Wertpapiere, Käufer

investor

Wertpapiere, zum Verkauf verfügbare

available for sale securities

Wertsteigerung durch Steigerung des Marktpreises

appreciation, increase in value

Wertsteigerung, Wertzuwachs

accretion, increase in value, appreciation in value

Wesentlichkeit

materiality

widerrufbar (unwiderrufbar)
revocable (irrevocable)

Wiederbeschaffungskosten
current cost, replacement cost

wiederholbar, nicht
nonrecurring

wirksam
valid (*rechtswirksam*), cost effective (*kostenwirksam*)

wirtschaftlich
cost-effective, economical

Wirtschaftsgüter, materielle
tangible assets

Wirtschaftsjahr
business year, financial year, fiscal year, natural business year

Wirtschaftskriminalität
white collar crime

Wirtschaftsprüfer
auditor, certified public accountant (CPA, US), chartered accountant (GB)

Wirtschaftsprüfer, angemessene Sicherheit
reasonable assurance

Wirtschaftsprüfer, Arbeitspapiere
working papers

Wirtschaftsprüfer, Auftragsbestätigung
engagement letter

Wirtschaftsprüfer, Bilanzerstellung
compilation

Wirtschaftsprüfer, Gesamtverantwortung für einen Prüfungsauftrag
principal auditor

Wirtschaftsprüfer, körperliche Bestandsaufnahme durch
physical verification

Wirtschaftsprüfer, Mitteilung über Prüfungsfeststellungen
management letter

Wirtschaftsprüfer, nachfolgender
successor

Wirtschaftsprüfer, Prüfungsstandards für
auditing standards

Wirtschaftsprüfer, Überprüfung von Bilanzpositionen anhand von Dokumenten und Saldenbestätigungen
verification

Wirtschaftsprüfer, Unabhängigkeit
independence

Wirtschaftsprüfer, vorhergehender (Vorgänger)
predecessor

Wirtschaftsprüfer, Bericht
auditors report (opinion)

Wirtschaftsprüfers Bestätigungsschreiben, anlässlich einer Prospektprüfung
comfort letter

Wirtschaftsprüfer, Dauerakt
permanent file

Wirtschaftsprüfung
audit, auditing, financial audit

Wirtschaftsprüfungsausschuss des Aufsichtsrates
audit committee

Wirtschaftsprüfungsgesellschaften, die vier größten
Big 4: Deloitte & Touche, Ernst & Young, KPMG, PricewaterhouseCoopers

zahlbar
payable, due

zählen
count

Zahlen verarbeiten
number crunching

Zähler (Bruchrechnung)
numerator

Zahlung mittels Scheck
disbursement

Zahlungsanweisung
draft, payment instruction

Zahlungsbedingungen
terms, terms of payment, terms of sale

Zahlungsempfänger
payee

zahlungsfähig
solvent, ability to pay

Zahlungsfähigkeit
solvency, ability to pay

Zahlungsmittel (Basiswährung), gesetzliches, funktionelles
functional currency

zahlungsunfähig
bankrupt, insolvent, unable to pay

Zahlungsverpflichtung, wechselseitige
swap

Zahlungsverzug
default, delay in payment

Zeitbezugsmethode für Währungsumrechnung
remeasurement method

zeitgerecht
timeliness, in time, timely

Zeitraum, für den Zinsen berechnet werden
compounding period

Zeitspanne bis zur Inbetriebnahme einer Produktionsanlage
set up

Zession (einer Forderung)
assignment (of accounts receivable)

Ziele der Berichterstattung
objectives of financial reporting

Ziffernsturz
transposition error

Zinsaufwand, angefallen nur, wenn Herstellungskosten vorhanden
avoidable interest

Zinsaufwand, tatsächlicher
actual interest cost, interest expense

Zinsdeckel, festgeschriebener
cap

Zinsen
interest

Zinsen, einfache
simple interest

Zinsen, kalkulatorische
imputed interest

Zinseszins
compound interest

Zinssatz, Abzinsung von Pensionsverpflichtungen
interest rate, interest on the liability

Zinssatz, zugrundegelegter
imputed rate of interest (interest rate)

Zinsschein
coupon

Zinsswap, vereinbarter Austausch von fixen und variablen Zinsen
interest swap

Zoll
customs duty, customs tariff

Zufallsstichproben
judgement sampling

Zusagen ohne Rechtsanspruch
non vested benefits

zusammenrechnen
add up

Zusätzliche Informationen im Anhang
supplementary information

Zuschreibung
write up, reversal of write downs

Zusicherung
guarantee, warranty

Zuverlässigkeit
reliability, dependability, credibility (witness)

Zuweisung
allocation, addition, appropriation, transfer

Zuweisung, Rücklagen
allocation to reserves, transfer to reserves, appropriation to reserve

Zuweisung zur Wertberichtigung
allocation to allowance

Zuwendungen der öffentlichen Hand
government grants

Zuwendungen für Vermögenswerte
grants related to assets

Zuwendungen, ertragsbezogene
grants related to income

Zwangsversteigerung, Zwangsvollstreckung
foreclosure, enforcement, execution

Zweckgesellschaften
special purpose entities

Zweifel an Beibehaltungsabsicht (Wertpapiere), wörtlich: verschmutzen, verderben
tainting

Zweigniederlassung
branch

Zwischenabschluss
interim statement

Zwischenberichterstattung
interim financial reporting

Zwischensumme
subtotal

Themenorientierte Textbausteine

Konzern

1. Scope of Consolidation

Investments in **joint ventures** and **affiliated companies** in which the Company has **significant influence**, but not a controlling interest, are accounted for using the equity method. This is generally presumed to exist when the Company owns between 20 percent and 50 percent of the investee. Under certain circumstances, the Company's ownership is between 20 percent and 50 percent of the investee but it consolidates the **investment** because the Company participates in significant operating and financial decisions of the investee.

Under the equity method, the Company's investment in and amounts due to and from an equity investee are included in the Consolidated Balance Sheets; the Company's share of an investee's earnings is included in the Consolidated Income Statements; and the dividends, **cash distributions**, **loans** or other cash received from the investee, additional cash investments, loan repayments or other cash paid to the investee, are included in the Consolidated Balance Sheets and the Consolidated Statements of Cash Flows. Additionally, the carrying values of investments accounted for using the equity method of accounting are adjusted downward to reflect any **other-than-temporary declines** in value.

Investments in **non-public companies** in which the Company does not have a controlling interest or **significant influence** are accounted for at **cost**. This is generally presumed to exist when the Company owns less than 20 percent of the investee. Dividends and other **distributions of earnings** from these investments are included in income when received. The carrying value of investments accounted for using the **cost method** of accounting are adjusted downward to reflect any other-than-temporary declines in value.

1. Konsolidierungskreis

Beteiligungen an **Joint Ventures** und in **Tochtergesellschaften**, bei denen das Unternehmen zwar einen **wesentlichen Einfluss**, aber keine Stimmrechtsmehrheit hat, werden nach der Equity-Methode bilanziert. Davon wird ausgegangen, wenn das Unternehmen an einer Gesellschaft einen Anteil zwischen 20 und 50 Prozent hält. Unter gewissen Umständen wird eine **Beteiligung** konsolidiert, obwohl der Anteil des Unternehmens zwischen 20 und 50 Prozent liegt. Dies kann der Fall sein, wenn das Unternehmen einen wesentlichen Einfluss auf die geschäftlichen und finanziellen Entscheidungen dieser Gesellschaften ausübt.

Bei Anwendung der Equity-Methode werden nur der Anteil am Eigenkapital und die ausstehenden Guthaben und Verbindlichkeiten der nach Equity-Methode bilanzierten Gesellschaft beim Unternehmen in die konsolidierte Bilanz einbezogen. Die konsolidierte Erfolgsrechnung enthält den Anteil des Unternehmens am Erfolg einer solchen Gesellschaft. Die konsolidierte Bilanz und die konsolidierte Cashflow-Rechnung enthalten Dividenden, **Barausschüttungen**, **Kredite** oder andere erhaltene flüssige Mittel von Gesellschaften, an denen das Unternehmen beteiligt ist, sowie zusätzliche Barüberweisungen, Kreditrückzahlungen und andere flüssige Mittel des Unternehmens an diesen Gesellschaften. Darüber hinaus werden die Buchwerte solcher Beteiligungen zur Berücksichtigung von **dauerhaften Wertminderungen** nach unten angepasst.

Beteiligungen an **nicht börsenkotierten Gesellschaften**, an denen das Unternehmen keine Mehrheit hält bzw. auf die das Unternehmen keinen **wesentlichen Einfluss** ausübt, werden zu den **Anschaffungskosten** verbucht. Dies wird im Allgemeinen als gegeben betrachtet, wenn das Unternehmen einen Anteil von weniger als 20 % an der Gesellschaft hält. Dividenden und andere **Gewinnverteilungen** aus solchen Beteiligungen werden bei Eingang als Ertrag verbucht. Der **Buchwert** der nach der **Anschaffungsmethode** ausgewiesenen Beteiligungen wird zur Berücksichtigung von dauerhaften Wertminderungen nach unten angepasst.

2. Principles of Consolidation

The **accompanying consolidated financial statements** include all subsidiaries, that we **control**. We own more than 50 percent of the **voting**

stock of the **subsidiaries** that we control. **Investments** in companies in which we own 20 percent to 50 percent of the voting stock and have the ability to exercise **significant influence** over operating and financial policies of the investee are accounted for using the equity method of accounting. As a result, our **share of the earnings or losses** of such equity affiliates is included in the accompanying statement of income and our share of these companies 'shareholders' equity is included in the accompanying balance sheet. **Transactions** between parent company and its **subsidiaries** are eliminated **in consolidation**.

2. Konsolidierungsgrundsätze

Der **beiliegende Konzernabschluss** schließt alle Unternehmen ein, die wir **beherrschen**. Wir besitzen mehr als 50 % der **Stimmrechte** bei **verbundenen Unternehmen** und haben beherrschenden Einfluss. Bei **Beteiligungen** an anderen Gesellschaften, bei denen wir die **Stimmrechte** im Ausmaß zwischen 20 % und 50 % besitzen, haben wir **maßgeblichen Einfluss** auf die wirtschaftlichen und finanziellen Entscheidungen der Unternehmen und konsolidieren diese nach der Equity-Methode. In Anbetracht dieser Tatsache wird der **anteilige Gewinn oder Verlust** aufgrund dieser Beteiligung in der Gewinn- und Verlustrechnung eingeschlossen und unser Anteil an diesen Unternehmen ist in der Bilanz als Beteiligung dargestellt. **Geschäftsbeziehungen** zwischen der Muttergesellschaft und den **verbundenen Unternehmen** sind im **Rahmen der Konsolidierung** eliminiert worden.

3. Basis of Consolidation

For included **subsidiaries**, the **book value method** is used to eliminate the **investment** and **equity**. Under this method, the **book value** of the investment is **compared** with the relevant shareholders' equity on the **date of initial consolidation** (purchase accounting). Any **identifiable difference** between **purchase price** and applicable equity is **added to fixed assets**; any **goodwill** remaining after the **initial application** of IAS is capitalized and **amortized** over a period of 20 years.

Inter-company gains and losses, which arise from the sale of goods or services between Group companies and which affect **fixed or current assets**, are eliminated unless they are **immaterial**.

3. Konsolidierung

Bei der Konsolidierung der **verbundenen Unternehmungen** wird die **Buchwertmethode** angewendet, um die **Beteiligung** (beim Mutterunternehmen) und das **Eigenkapital** (beim Tochterunternehmen) zu eliminieren. Bei

Anwendung dieser Methode wird der **Buchwert** der Beteiligung mit dem Eigenkapital des Tochterunternehmens **verglichen**, und zwar auf den **Zeitpunkt der Erstkonsolidierung**. Der **Unterschiedsbetrag** zwischen dem **Kaufpreis** (der Beteiligung) und dem entsprechenden Eigenkapital wird, wenn es dem Sachverhalt entspricht, **dem Sachanlagevermögen zugeordnet**. Ein verbleibender Betrag wird als **Firmenwert** nach **Erstanwendung** von IAS aktiviert und auf 20 Jahre verteilt **abgeschrieben**.

Zwischengewinne und -verluste im Konzern, die aufgrund von Lieferungen und Leistungen entstehen und Auswirkungen auf das **Anlage- oder Umlaufvermögen** haben, werden konsolidiert, es sei denn, sie sind betraglich **unbedeutend**.

Fremdwährung

4. Translation of Foreign Currencies and Foreign Exchange Transactions

The **functional currency** for most of the Company's operations is the applicable **local currency**. The **translation** from the applicable functional currencies into the Company's reporting currency is performed for balance sheet accounts using **exchange rates** in effect at the balance sheet date, and for **income statement accounts** using **average rates of exchange** prevailing during the year. The resulting **translation adjustments** are excluded from the determination of earnings and are recognized in accumulated other comprehensive loss until the **entity** is sold, **substantially liquidated** or being **evaluated for impairment** in anticipation of disposal.

Foreign currency exchange gains and losses, such as those resulting from foreign currency denominated receivables or payables, are included in the **determination of earnings**, except as they relate to **intra-company loans** that are equity-like in nature with no reasonable expectation of repayment, which **are recognized** in accumulated other comprehensive loss.

4. Fremdwährungsumrechnung und Devisentransaktionen

Die **funktionale Währung** des Unternehmens entspricht in den meisten Fällen den jeweiligen **lokalen Währungen**. Die **Umrechnung** der jeweiligen lokalen Währung in die Währung der konsolidierten Jahresrechnung zu Bilanzierungszwecken erfolgt zu den am Bilanzstichtag gültigen **Kursen**. Für die **Erfolgsrechnung** erfolgt die Umrechnung zum **Jahresdurchschnittskurs** des Geschäftsjahres. Die daraus entstehenden **Umrechnungsdifferenzen** werden nicht erfolgswirksam verbucht, sondern sind bis zu dem Zeitpunkt, in dem die betroffene **Einheit** entweder verkauft, **zu einem wesentlichen Teil liquidiert** oder in Erwartung der Veräußerung auf **Wertminderung** überprüft wird, im kumulierten übrigen *Comprehensive Loss* enthalten.

Gewinne und Verluste aus Fremdwährungstransaktionen, wie sie unter anderem aus in Fremdwährungen festgelegten Forderungen oder Verbindlichkeiten entstehen können, werden in der **Berechnung des Erfolgs** berücksichtigt. Davon ausgenommen sind **unternehmensinterne Kredite** mit eigenkapitalähnlichem Charakter, bei denen nicht von einer Rückzahlung ausgegangen wird. Diese **sind** im übrigen kumulierten *Comprehensive Loss* **enthalten**.

5. Foreign Currency Translation

For all significant non-U.S. operations, the functional currency is their **local currency**. Assets and liabilities of those operations are **translated into** U.S. dollars using year end exchange rates; income and expenses are translated using the **average exchange rates** for the reporting period. **Unrealized currency translation adjustments** are deferred in accumulated other comprehensive income (loss), a **separate component** of shareholders' equity.

5. Währungsumrechnungen

Bei allen bedeutenden Auslandstöchtern ist die funktionale Währung die **Landeswährung**. Aktiva und Passiva dieser Gesellschaften werden am Bilanzstichtag **umgerechnet** und mit dem US-Dollar bewertet. Die Aufwendungen und Erträge (der G+V) werden mit dem **Jahresdurchschnittskurs** umgerechnet. Daraus resultierende, **nicht realisierte Kursdifferenzen** sind im **erweiterten** Eigenkapital, einer eigenen Position, dargestellt.

6. Currency Conversion

As a rule, items in the individual annual financial statements in foreign currencies were **converted** at the exchange rate on the **date of the transaction**. Monetary items are reported using the exchange rate on the balance sheet date. Non-monetary items, reported according to the **historical cost** principle, are reported using the exchange rate **on the date of transaction**. Gains or losses arising from the translation of monetary items are **recognised as income**.

Income and expenses are **converted** at the average exchange rate of the periods.

6. Währungsumrechnung

Grundsätzlich werden einzelne Positionen, in den Jahresabschlüssen ausländischer Töchter, mit dem **Tageskurs umgerechnet**. Geld-(nahe) Positionen werden mit dem Wechselkurs am Bilanzstichtag umgerechnet. Nicht geldbezogene Positionen werden mit den **historischen Anschaffungskosten** dargestellt, und zwar mit dem Wechselkurs zum **Zeitpunkt der Anschaffung**. Gewinn und Verluste, die aus der Umrechnung monetärer Positionen entstehen, werden **ergebniswirksam** erfasst.

Aufwände und Erträge (in der G+V) werden mit einem Jahresdurchschnittskurs **umgerechnet**.

7. Foreign Currency Translation

The **accounts of foreign companies** are translated into Euro based on the functional currency method. The relevant local currency is the functional currency in all cases since these companies operate independently from a **financial, economic and organizational standpoint**.

7. Fremdwährungsumrechnung

Die **Bücher der ausländischen Gesellschaften**, basierend auf der funktionalen Währung, werden auf Euro umgerechnet. Die vorhandene Landeswährung ist in allen Fällen die funktionale Währung, wenn die Gesellschaften, aus **finanzieller, organisatorischer und wirtschaftlicher Sicht** unabhängig agieren.

8. Foreign Currency Translation

The functional currency of the subsidiaries is the local currency of the country in which they are located. Assets and liabilities of foreign **subsidiaries** are translated from the functional currency to the reporting currency at **year-end exchange rates**. Sales and other revenues and **expenses** are translated applying the **exchange rates** prevailing at the end of the month in which the underlying transactions were effected.

8. Fremdwährungsumrechnung

Die funktionale Währung des verbundenen Unternehmens ist die Landeswährung des Landes, in dem sich das verbundene Unternehmen befindet. Aktiva und Passiva des **verbundenen Unternehmens** werden von der funktionalen Währung in die Berichtswährung zum **Wechselkurs am Jahresende** umgerechnet. Verkaufserlöse und andere Erträge und **Aufwendungen** werden mit jenem **Wechselkurs** umgerechnet, der am Ende des jeweiligen Monats bestanden hat, in dem die Geschäfte getätigt wurden.

Immaterielle Wirtschaftsgüter

9. Goodwill and Other Intangible Assets

The excess of **cost** over the **fair value** of net assets of **acquired businesses** is **recorded** as goodwill. The Company accounts for its goodwill in accordance with Statement of Financial Accounting Standards No. 142 (SFAS 142), Goodwill and Other Intangible Assets. Under SFAS 142, effective January 1, 2002, the Company **ceased** amortizing goodwill. In accordance with SFAS 142, goodwill is tested for **impairment annually**, and also upon the occurrence of a **triggering event** requiring the re-assessment of a business' carrying value of its goodwill. The Company performs its **annual impairment assessment** on October 1. A fair value approach is used to **identify potential goodwill impairment** and, when necessary, **measure** the amount of impairment. The Company uses a discounted cash flow model to **determine the fair value** of reporting units, unless there is a readily determinable **fair market value**.

9. Goodwill und übrige immaterielle Werte

Die Differenz zwischen **Kaufpreis** und **Nettovermögenswert** neu **erworbener Gesellschaften** wird als Goodwill **verbucht**. Das Unternehmen erfasst Goodwill gemäß Statement of Financial Accounting Standards No. 142 (SFAS 142), *Goodwill and Other Intangible Assets*. Seit der Einführung von SFAS 142 am 1. Januar 2002 wird Goodwill **nicht mehr** abgeschrieben. Gemäß SFAS 142 ist der Goodwill **jährlich** sowie nach einem **auslösenden Ereignis**, das eine **Neubewertung** des Goodwill des Geschäftsbereiches erfordert, auf Wertminderung zu prüfen. Das Unternehmen nimmt seine **jährlich Überprüfung** auf **Wertminderung** jeweils am 1. Oktober des Jahres vor. Mit Hilfe der Fair-Value-Methode versucht man **potenzielle Wertminderungen des Goodwill aufzudecken** und, wenn nötig, die **Höhe** der Wertminderung zu **ermitteln**. Das Unternehmen **bestimmt den Verkehrswert** der auszuweisenden Geschäftsbereiche anhand der Discounted-Cashflow-Methode, es sei denn, es liegt bereits ein **Marktwert** vor.

10. Goodwill and Identifiable Intangible Assets

Goodwill represents the excess of the **cost** over the **fair value** of net **tangible** and identifiable **intangible** assets of **acquired** businesses.

10. Firmenwert und erkennbare (nachweisbare) immaterielle Vermögensgegenstände

Der **Firmenwert** resultiert aus dem Überhang des **Tageswertes** über die **Anschaffungskosten** von **materiellen** und **immateriellen** Wirtschaftsgütern, die **angeschafft** worden sind.

11. Intangible Fixed Assets

Intangible fixed assets are **initially recorded at cost**, minus **accumulated amortization** and **impairment losses** entered until the balance-sheet date. **Amortization** is based on the **estimated** useful lives of the assets and is computed using the **straight-line method**.

11. Immaterielle Wirtschaftsgüter des Anlagevermögens

Immaterielle Wirtschaftsgüter des Anlagevermögens werden mit den **ursprünglichen Anschaffungskosten ausgewiesen,** abzüglich der **bisherigen Abschreibung** und der **außerplanmäßigen Abschreibung**, die vor dem Bilanzstichtag vorgenommen wurde. Die **Abschreibung** basiert auf der **geschätzten** Nutzungsdauer des Anlagegutes und wird nach der **linearen Methode** berechnet.

12. Intangible Assets

Intangible assets are **capitalized** at the cost of acquisition and amortized over their **expected useful lifetimes** on a straight-line basis. Goodwill from consolidation and the use of equity-method evaluation is systematically amortized over its **expected useful lifetime**, i.e. over a period of 5 to 20 years.

12. Immaterielle Vermögenswerte

Immaterielle Vermögenswerte werden zu Anschaffungskosten **aktiviert** und über die **voraussichtliche Nutzungsdauer** linear abgeschrieben. Geschäftswerte aus der Konsolidierung und der Bewertung nach der Equity-Methode werden über ihre **voraussichtliche Nutzungsdauer**, das heißt über einen Zeitraum von 5 bis 20 Jahren, planmäßig abgeschrieben.

Sachanlagevermögen

13. Impairment of Long-lived Assets and Accounting for Discontinued Operations

Long-lived assets that are "held and used" are **assessed for impairment** when events or circumstances indicate the **carrying amount** of the asset may **not be recoverable**. If the asset's **net carrying value** exceeds the asset's net **undiscounted** cash flows expected to be generated over its **remaining useful life**, the carrying amount of the asset is reduced to its **estimated fair value**, pursuant to the measurement criteria of Statement of Financial Accounting Standards No. 144 (SFAS 144), Accounting for the Impairment or Disposal of Long-Lived Assets. The Company adopted SFAS 144 as of January 1, 2002. In the **Consolidated Statements of Cash Flows**, the amounts related to businesses with assets and liabilities **held for sale** and in **discontinued operations** are **not segregated**, as permitted by Statement of Financial Accounting Standards No. 95, Statement of Cash Flows.

In accordance with SFAS 144, the Company includes in assets and liabilities **held for sale** and in **discontinued operations** the assets and liabilities that meet certain criteria with respect to the Company's **plans for their sale or abandonment**. **Depreciation** and **amortization** cease when the asset meets the criteria to be classified as **held for sale**. If (1) a planned or completed **disposal** involves a component (disposal group) of the Company whose operations and cash flows can be distinguished operationally and for financial reporting purposes; (2) such operations and cash flows will be (or have been) eliminated from the Company's ongoing operations; and (3) the Company will not have any **significant continuing involvement** in the disposal group, then the disposal group's results of operations are presented as discontinued operations for all periods. Operating losses from **discontinued operations** are **recognized in the period** in which they occur. Long-lived assets (or groups of assets and related liabilities) classified as held for sale, are **measured** at the lower of carrying amount or fair value **less cost to sell**.

13. Wertminderungen langfristiger Vermögenswerte und Rechnungslegung für nicht weitergeführte Aktivitäten

Langfristige Vermögenswerte werden auf **Wertminderung überprüft**, wenn sich aus Ereignissen oder Umständen schließen lässt, dass der Buchwert der Vermögenswerte **nicht erzielbar** sein könnte. Übersteigt der **Nettobuchwert** eines Vermögenswerts die zu erwartenden **nicht diskontierten** Netto-Cashflows über die **verbleibende Nutzungsdauer** des Vermögenswerts, wird der Buchwert gemäß Statement of Financial Accounting Standards No. 144 (SFAS 144), *Accounting for the Impairment or Disposal of Long-Lived Assets*, auf den **geschätzten Verkehrswert** reduziert. Das Unternehmen führte SFAS 144 am 1. Januar 2002 ein. In der **konsolidierten Cashflow-Rechnung** werden die Beträge im Zusammenhang mit den zum **Verkauf stehenden** und den **nicht weitergeführten Aktivitäten** wie gemäß Statement of Financial Accounting Standards No. 95, *Statement of Cash Flows*, erlaubt, **nicht getrennt** ausgewiesen.

Gemäß SFAS 144 werden Vermögenswerte und Verbindlichkeiten, die **zum Verkauf** und in **nicht weitergeführten Aktivitäten** gehalten werden, separat dargestellt, wenn sie gewisse Kriterien hinsichtlich der **Veräußerungs- oder Aufgabepläne** des Unternehmens erfüllen. **Abschreibungen** werden eingestellt, wenn diese Aktiven die Kriterien zur Klassifizierung als **zum Verkauf** gehaltene Vermögenswerte erfüllen. Die Ergebnisse werden in allen Perioden unter nicht weitergeführten Aktivitäten klassifiziert, wenn die folgenden Bedingungen erfüllt sind: (1) Eine geplante oder abgeschlossene **Veräußerung** bezieht sich auf einen Teil (Veräußerungsbestandteil) des Unternehmens, dessen Aktivitäten und Cashflows operativ und in den Finanzabschlüssen **eindeutig bestimmbar** sind; (2) diese Aktivitäten und Cashflows werden (oder wurden) aus den weitergeführten Aktivitäten des Unternehmens eliminiert; und (3) das Unternehmen wird kein **wesentliches nachhaltiges Engagement** in diesem Veräußerungsbestandteil haben. Der Verlust aus **nicht weitergeführten Aktivitäten** wird **periodengerecht erfasst**. Vermögenswerte, die als zum Verkauf gehalten klassifiziert werden, werden entweder zum niedrigeren Buch- oder Verkehrswert **abzüglich Verkaufskosten bewertet** (Niederstwertprinzip).

14. Property

Property is **recorded** at cost. We compute **depreciation** by the straight-line method based on the **estimated useful lives** of **depreciable assets**. **Additional expense** is recorded when facilities or equipment are subject to abnormal economic conditions or **obsolescence**. Significant **improvements** that add to **productive capacity** or **extend** the lives of properties are capitalized. Costs for **repairs** and **maintenance** are charged to **expense as incurred**. When property is **retired** or otherwise **disposed** of, the cost and related accumulated depreciation are **removed from the accounts** and any related gains or losses are included in income. Amortization of the cost of **capitalized leased assets** is included in depreciation expense. Property and other long-lived assets are **reviewed for impairment** whenever events or circumstances **indicate** that their carrying amount may **not be recoverable**.

14. Sachanlagevermögen

Das Sachanlagevermögen ist mit Anschaffungskosten **ausgewiesen**. Wir berechnen die **Abschreibung** nach der linearen Methode, ausgehend von der **geschätzten Nutzungsdauer** des **abschreibbaren Anlagevermögens**. Ein **zusätzlicher Aufwand** ist berücksichtigt, wenn Anlagen und Betriebs- und Geschäftsausstattung Gegenstand einer außergewöhnlichen technischen und **wirtschaftlichen Abnutzung** sind. Erhebliche **Verbesserungen**, die die **Produktionskapazität** oder die Nutzungsdauer der Vermögensgegenstände **verlängern**, werden aktiviert. Die Kosten für **Reparatur** und **Wartung** werden sofort **aufwandsmäßig** erfasst. Wenn Vermögensgegenstände **ausscheiden** oder auf andere Weise **entsorgt** werden, werden die Anschaffungskosten und die dazu gehörige kumulierte Abschreibung **ausgebucht** und der dazugehörende Gewinn oder Verlust in der Gewinn- und Verlustrechnung dargestellt. Die Abschreibung der **aktivierten Leasingaufwendungen** wird in die Abschreibung einbezogen. Sachanlagevermögen und sonstige langfristige Vermögensgegenstände **unterliegen dem *impairment test*** immer dann, wenn es Umstände gibt, die darauf **hindeuten**, dass der Buchwert **nicht erwirtschaftet** werden kann.

15. Property, Plant and Equipment

Property, plant and equipment are initially recognized at cost, minus accumulated depreciation and **impairment losses** entered before the balance-sheet date. Depreciation is based on the **estimated useful lives** of the assets and computed using the **straight-line method**.

Whenever an **impairment** was established, the respective items were **written down** to their current value. **Major rebuildings** are capitalized. Maintenance, repairs and **minor rebuildings** are recorded as incurred.

15. Sachanlagevermögen

Das **Sachanlagevermögen** wird grundsätzlich mit Anschaffungskosten, abzüglich der bisher angelaufenen Abschreibungen und der **außerplanmäßigen Abschreibungen** vor dem Bilanzstichtag, ausgewiesen. Die Abschreibung basiert auf der **geschätzten Nutzungsdauer** des Anlagevermögens und wird nach der **linearen Abschreibungsmethode** berechnet.

Wann immer es eine **Wertminderung** gibt, wird der entsprechende Gegenstand auf den gegenwärtigen Wert **abgeschrieben**. **An-, Um- und Zubauten** werden aktiviert, Wartung, Reparaturen und **Sanierungsmaßnahmen** am Gebäude werden sofort als Aufwand erfasst.

16. Tangible Assets, Intangible Assets and Goodwill

Tangible assets are valued at the **cost of acquisition or production** and, where subject **to wear and tear**, depreciated over their useful life. Items carried as assets can be of a **tangible** or **intangible** nature. **Movable** and **immovable** tangible fixed subject to **linear depreciation**.

Extraordinary depreciation is undertaken if a **decrease** in value is probably **permanent** and results indicate that the **book value** cannot be realised. **Low-value assets** are **depreciated in full** during the year of their acquisition. **Maintenance** and repair costs are **reported as expenses**. **Renovation** and maintenance costs, which **increase** the useful life of an asset, are **carried as assets**. **Manufacturing costs** are depreciated according to the **anticipated useful life** of the item and starting at the **time of completion** or start-up the respective plants.

Leasing contracts stipulating that the Group carries **material risks and opportunities** related to the utilisation of the assets are **treated as finance leases**. The items on which the leasing contract is based are **reported as assets** at the current value of the **capitalised lease payment** and depreciated over the useful life. The items reported as assets are compared against the present value of the **liability** arising from **future lease payments** on the balance sheet date.

16. Sachanlagevermögen, immaterielle Wirtschaftsgüter und Firmenwert

Das Anlagevermögen wird mit **Anschaffungs- oder Herstellungskosten** bewertet und über die Nutzungsdauer verteilt **abgeschrieben**. Positionen des Anlagevermögens können **materiell** oder **immateriell** (Franchiserechte) sein. **Bewegliches** und **unbewegliches** Sachanlagevermögen wird grundsätzlich **linear abgeschrieben**.

Außerplanmäßige Abschreibungen werden vorgenommen, falls eine **Wertminderung** von **Dauer** ist und Bewertungen anzeigen, dass der **Buchwert** nicht realisiert werden kann. **Geringwertige Wirtschaftsgüter** werden im Jahr der Anschaffung **voll abgeschrieben**. **Wartungsaufwand** und Reparaturen werden **im Aufwand erfasst**. **Sanierungen** und Wartungskosten, die die Nutzungsdauer eines Vermögensgegenstandes **verlängern**, werden **aktiviert**. **Herstellungskosten** werden über die **voraussichtliche Nutzungsdauer** abgeschrieben, beginnend im **Zeitpunkt der Fertigstellung** oder mit Inbetriebnahme der entsprechenden Anlage.

Leasingverträge, aus denen durch die Nutzung von Vermögensgegenständen für den Konzern **wesentliche Chancen und Risken** abgeleitet werden können, werden **als Finanzierungsleasing behandelt**. Die entsprechenden Wirtschaftsgüter werden **als Aktivvermögen ausgewiesen**, mit dem Tageswert der **kapitalisierten Leasingraten** dargestellt und, über die Nutzungsdauer verteilt, abgeschrieben. Das ausgewiesene Vermögen wird mit den **Verbindlichkeiten** saldiert, die aufgrund der **zukünftigen Zahlungen** erwachsen.

17. Fixed and Financial Assets

Fixed assets and **purchased intangible assets** are recorded at **production or acquisition cost**, less **straight-line depreciation** or **usage-based depletion**. Production costs include **direct expenses** plus allocated **material and production overhead**. General selling and administrative expenses are **not capitalized**. The **cost of debt** incurred **during the construction** of major new plants is **capitalized** over the building period. Depreciation is based on the **useful economic lives** of the various asset groups.

An **impairment loss** is recognized where necessary to reflect any significant and lasting **decrease in value** above and **beyond ordinary depreciation**. Repairs that do not **increase** the presumed useful life of assets **are charged** to current expenses.

In accordance with IAS 17 leased fixed assets, which **economically** represent purchases financed with non-current funds (financing leases), are recorded at that price which would have been paid if the asset had been purchased. Depreciation is calculated over the lesser of the **useful life** of the asset or the **term of the lease**. **Obligations** arising from future lease payments are recorded as **liabilities**.

17. Anlagevermögen

Das Sachanlagevermögen und die **angekauften immateriellen Wirtschaftsgüter** werden mit **Herstellungskosten oder Anschaffungskosten** erfasst, abzüglich der **linearen Abschreibung** bzw. nach der **abbaubezogenen Substanzabschreibung**. Die Herstellungskosten schließen die **direkten Kosten** ein inklusive der **Material- und Fertigungsgemeinkosten**. Vertriebs- und Verwaltungsgemeinkosten werden **nicht aktiviert**. **Finanzierungskosten** bezogen auf die **Errichtungsdauer** einer großen neuen Anlage wurden **aktiviert** (und über die Nutzungsdauer des Gebäudes abgeschrieben). Die Abschreibungsdauer orientiert sich an der **wirtschaftlichen Nutzungsdauer** der verschiedenen Gruppen des Anlagevermögens.

Eine **außerplanmäßige Abschreibung** ist dann vorgenommen worden, wenn es notwendig war, eine dauernde und wertmäßig bedeutende **Wertminderung** zu berücksichtigen, die **über die Normalabschreibung** hinausgeht. Reparaturen (Sanierungen), die nicht die vermutete Nutzungsdauer des Vermögensgegenstandes **verlängern**, werden sofort als Aufwand **erfasst**.

In Übereinstimmung mit IAS 17 (Bilanzierung von Leasing) wird geleastes Sachanlagevermögen mit dem Preis ausgewiesen, der als Kaufpreis angefallen wäre, weil in **wirtschaftlicher Betrachtungsweise** ein langfristig fremdfinanzierter Kauf vorliegt. Die Abschreibung berechnet sich vom kürzeren Zeitraum, entweder der **Nutzungsdauer** oder der **Leasingdauer**. Die **Verpflichtung** zur Zahlung der künftigen Leasingraten wird als **Verbindlichkeit** dargestellt.

18. Subsidies and Investment Incentives

Subsidies and investment incentives are recorded as liabilities and released in keeping with the useful life of the relevant asset.

In accordance with IAS 36, assets are written down to the value in use or the net selling price if there is evidence of a loss in value and the present value of future cash flows lies below book value. In the Group, each individual plant or plant site is considered a cash-generating unit. If independent cash inflows cannot be allocated to a specific production site, the plant is allocated to next larger aggregation of assets.

18. Subventionen und Investitionsbegünstigungen

Subventionen und Investitionsbegünstigungen werden als Verbindlichkeiten (Bewertungsreserven) dargestellt und entsprechend der Nutzungsdauer der davon betroffenen Wirtschaftsgüter ertragswirksam aufgelöst.

In Übereinstimmung mit IAS 36 (außerplanmäßige Abschreibung) werden Vermögensgegenstände auf einen Nutzwert oder auf einen Nettoveräußerungswert abgeschrieben, falls es Hinweise auf einen Wertverlust gibt und der Barwert der zukünftigen Einnahmenüberschüsse unter dem Buchwert liegt. Im Konzern wird jede Fabriksanlage für sich als geldgenerierende Einheit betrachtet. Falls es nicht möglich ist, einer Produktionsanlage Geldzuflüsse zuzurechnen, dann wird diese Fabriksanlage der nächstgrößeren Einheit zugeordnet (für die ein Geldzufluss ermittelt werden kann).

19. Property, Plant and Equipment

Property, plant and equipment are **valued** at the costs of acquisition or production. Their **loss in value** is accounted for by **regular, straight-line depreciation**, except in some **exceptional cases** where a different method of depreciation reflects the **use of the asset** more adequately. Production costs include all costs that can be **attributed** to the manufacturing process, either **directly or indirectly**.

In the case of **private-sector** concession projects with **projected long-term positive earnings, interest** incurred during the period of production has been **capitalized**. In all other cases, particularly in **real-estate development**, no interest expenses are included in the **cost of production**. **Repair costs** are always treated as incurred.

Buildings are depreciated over 20 to 50 years using the straight-line method. The useful life-time of **technical equipment** and **machinery** is between 3 and 10 years in most cases, for other equipment including **office and factory equipment** it is generally between 3 and 12 years.

Furthermore, an **impairment loss** is recognized wherever the **recoverable amount** of an asset has **fallen below** its book value. The recoverable amount represents the higher of the **net selling price** and the **present value** of estimated future cash flows. If the reason for an impairment loss **recognized** in prior years no longer applies, the **book value is increased** again accordingly.

With leasing contracts where the **risks and rewards of ownership** of the leased object are to be allocated to a company of Group (finance leasing), the item is **capitalized** at the lower of its **fair value** or the **present value** of the leasing payments.

19. Sachanlagen

Sachanlagen sind zu Anschaffungs- oder Herstellungskosten **bewertet**. Der **Werteverzehr** wird durch **planmäßige lineare Abschreibungen** erfasst, sofern nicht in **Ausnahmefällen** ein anderer Abschreibungsverlauf dem **Nutzungsverlauf** besser gerecht wird. Die Herstellungskosten umfassen alle **direkt bzw. indirekt** dem Herstellungsprozess **zurechenbaren** Kosten.

Bei der Bilanzierung von **privatwirtschaftlichen** Betreiberprojekten mit einer **langfristig positiven Ergebnisprognose** werden im Herstellungszeitraum anfallende **Zinsen aktiviert**. In allen übrigen Fällen, insbesondere in der **Projektentwicklung**, werden keine Zinsen in die **Herstellungskosten** einbezogen. **Reparaturkosten** werden grundsätzlich als Aufwand behandelt.

Gebäude werden linear innerhalb der Nutzungsdauer von 20 bis 50 Jahren abgeschrieben. Die Nutzungsdauer bei den **technischen Anlagen** und **Maschinen** beträgt überwiegend zwischen drei und fünf Jahren, bei anderen Anlagen, **Betriebs- und Geschäftsausstattungen** liegt sie im Wesentlichen zwischen drei und zwölf Jahren.

Außerdem werden **außerplanmäßige Abschreibungen** vorgenommen, soweit der **erzielbare Betrag** des Vermögenswerts **unter** den Buchwert **gesunken** ist. Dabei stellt der erzielbare Betrag den höheren der beiden Werte aus **Nettoveräußerungswert** und dem **Barwert** der geschätzten Mittelzuflüsse aus dem Vermögenswert dar. Wenn der Grund für eine früher **vorgenommene** außerplanmäßige Abschreibung nicht mehr besteht, wird eine **Wertaufholung** vorgenommen.

Ist bei Leasingverträgen das **wirtschaftliche Eigentum** am Leasinggegenstand einer Gesellschaft zuzurechnen (Finanzierungsleasing), erfolgt die **Aktivierung** zum beizulegenden **Zeitwert** oder zum niedrigeren **Barwert** der Leasingraten.

Finanzanlagevermögen

20. Financial Assets

Interest bearing loans are reported at cost, if they are not subject to **devaluation**. **Non-interest**, or low interest bearing loans, are **discounted** at present value. **Securities, held to maturity**, are valued at cost or, if their value is reduced **permanently**, at the **lower market value**. Other **securities** are reported at the market price, whereby **valuation changes** are recognised as income or expense (available for sale).

20. Finanzanlagevermögen

Verzinsliche Darlehen werden mit dem Nominalwert ausgewiesen, falls sie nicht Gegenstand einer **Abwertung** sind. **Unverzinsliche** und niedrig verzinsliche Darlehen werden **abgezinst**. **Bis zur Endfälligkeit gehaltene Wertpapiere** werden mit Anschaffungskosten, bei **dauernder** Wertminderung mit dem **niedrigeren Marktwert** bewertet. Andere **Wertpapiere** werden mit dem Marktpreis bewertet, wobei die **Änderung aus der Bewertung** ergebniswirksam erfasst wird.

21. Financial Investment

Investments in associates and **non-consolidated** subsidiaries are generally stated at **equity**, unless these investments are **immaterial**. Investments in other companies are valued at **acquisition cost** or the applicable **lower value**. A **write-down** is made if there are signs of **lasting loss of value**. Write-downs and **write-ups** are shown under **financial results**.

21. Beteiligungen

Beteiligungen und **nicht konsolidierte** verbundene Unternehmen werden generell mit dem **Eigenkapital** des Tochterunternehmens bewertet, es sei denn, diese Beteiligungen sind **betraglich unbedeutend**. Beteiligungen an anderen Gesellschaften werden mit **Anschaffungskosten** bewertet oder mit einem **niedrigeren Wert**. Eine **Abschreibung** (auf den niedrigeren Wert) wird dann gemacht, wenn es Anzeichen für eine **dauernde Wertminderung** gibt. Abschreibungen und **Zuschreibungen** werden im **Finanzergebnis** dargestellt.

22. Non-current Investments and Loans

Securities are held as **partial funding** of the **severance and pension liabilities**, as required by the Income Tax Act.

22. Langfristige Beteiligungen und Darlehen

So wie es das Einkommensteuergesetz verlangt, werden **Wertpapiere** zur **teilweisen Bedeckung** von **Abfertigungen und Pensionsrückstellungen** gehalten.

23. Financial Assets

Financial assets shares in non-consolidated **affiliated companies** and subsidiaries and **loans** are valued at the **cost of acquisition**, provided that no **impairment** charge is to be carried out due to any probable lasting reduction in value. If the reason for an impairment charge **no longer applies**, an appropriate **write-up** is performed.

Associated companies included according to the equity method are valued taking into consideration the **pro-rated earnings** of the company, any **dividend distributions** that have taken place, and the **amortization of goodwill**.

23. Finanzanlagen

Bei den **Finanzanlagen** sind **Anteile** an nicht konsolidierten **Beteiligungen**, verbundenen Unternehmen und **Ausleihungen** zu **Anschaffungskosten** bewertet, soweit nicht wegen voraussichtlich dauerhafter Wertminderung **außerplanmäßige Abschreibungen** vorzunehmen sind. Bei **Fortfall** der Gründe für außerplanmäßige Abschreibungen werden entsprechende **Zuschreibungen** vorgenommen.

Die nach der Equity-Methode einbezogenen assoziierten Unternehmen werden unter Berücksichtigung der **anteiligen Ergebnisse** der Gesellschaft, der erfolgten **Gewinnausschüttungen** sowie der **Abschreibungen auf Geschäftswerte** bewertet.

24. Securities

Securities are stated at their **fair values**. **Unrealized** profits and losses from the fair valuation of securities which are **held for sale** in the short term (trading papers) are recorded with an **effect on net profit**. **Unrealized** profits and losses from other securities that are valued at fair value (available-for-sale papers) are recorded under **retained earnings** (reserve from the market valuation of securities) without any effect on net profit while **taking any deferred taxes into consideration**. Other securities are valued at their **amortized cost** (held-to-maturity papers). All securities are written down if their value falls **other than temporarily**.

24. Wertpapiere

Die **Wertpapiere** werden zu **Marktpreisen** bewertet. **Unrealisierte** Gewinne und Verluste aus der Marktbewertung von Wertpapieren, die **zur kurzfristigen Veräußerung bestimmt** sind (Trading-Papiere), werden **ergebniswirksam** erfasst. **Unrealisierte** Gewinne und Verluste aus den anderen zu Marktpreisen bewerteten Wertpapieren (Available-for-Sale-Papiere) werden, gegebenenfalls unter **Berücksichtigung latenter Steuern**, erfolgsneutral in den **Gewinnrücklagen** (Rücklage aus der Marktbewertung von Wertpapieren) ausgewiesen. Die sonstigen Wertpapiere werden mit ihren **fortgeführten Anschaffungskosten** bewertet (Held-to-Maturity-Papiere). Auf alle Wertpapiere werden bei **nicht vorübergehenden** Wertminderungen Abschreibungen vorgenommen.

Vorräte

25. Inventories

Inventories are stated at the **lower of cost** (determined using either the **first-in, first-out** or the **weighted-average cost** method) or market. **Inventoried costs** relating to percentage-of-completion contracts are stated at **actual production costs**, including **overhead incurred** to date, reduced by amounts recognized in **cost of sales**. For inventory relating to **long-term contracts**, inventoried costs include amounts relating to contracts with long production cycles, a portion of which is not expected to be **realized within one year**.

25. Vorräte

Vorräte werden zu Anschaffungskosten oder dem **niedrigeren Marktpreis** (Niederstwertprinzip) ausgewiesen. **Anschaffungspreise** werden entweder auf der Basis von **FIFO** oder gemäß den **gewichteten durchschnittlichen Kosten** bestimmt. Vorräte aus langfristigen Aufträgen, bei denen die Percentage-of-Completion-Methode angewendet wird, werden zu den **tatsächlichen Fertigungskosten** ausgewiesen, einschließlich **aufgelaufener Gemeinkosten**, abzüglich bereits verbuchter **Umsatzkosten**. Bei Vorräten im Zusammenhang mit **langfristigen Aufträgen** dürfte davon ausgegangen werden, dass ein Teil nicht **innerhalb eines Jahres umgesetzt** wird.

26. Inventories

Most inventories are **stated at cost**, using the last-in first-out ("LIFO") method, which does **not exceed market**. All other inventories are stated at cost, using the first-in first-out ("FIFO") method, which does not exceed market. We **determine cost** using either **average** or **standard** factory costs, which approximate **actual costs**, excluding certain fixed costs such as depreciation and **property taxes**.

26. Vorräte

Der größte Teil der Vorräte wird mit den **Anschaffungskosten ausgewiesen** – unter Berücksichtigung der LIFO-Methode –, die **nicht über den Tageswert hinausgehen**. Die übrigen Vorräte werden mit den Anschaffungskosten nach der FIFO-Methode bewertet, maximal mit dem Marktwert. Wir **bestimmen die Kosten** entweder mit dem **Durchschnitt** oder mit **Sollkosten**, die den **Istkosten** entsprechen. Davon ausgeschlossen sind bestimmte fixe Kosten (Gemeinkosten) wie Abschreibung und **Vermögensteuer**.

27. Marketable Equity Securities

The Company's investment in **marketable equity** securities is recorded at **fair market value** in **"Investments"** in the accompanying balance sheet with **changes in fair market value** recorded **in income** for those securities designated as **trading securities** and in other comprehensive income, net of tax, for those designated as **available for sale securities**.

27. Marktfähige Aktien

Die angeschafften **marktfähigen Aktien** werden mit dem **Tageswert** im **Finanzanlagevermögen** ausgewiesen. Dabei werden die **Wertänderungen** für **kurzfristig gehaltene Wertpapiere aufwandswirksam** erfasst und die anderen Wertpapiere im erweiterten Eigenkapital nach Steuer, insbesondere für zum **Verkauf zur Verfügung stehende Wertpapiere**, berücksichtigt.

28. Inventories

The valuation of inventories takes place at **historical cost** or at the **lower fair value**. Cost is generally determined using the **weighted average price** method.

Manufacturing costs include all directly attributable expenses, as well as all fixed and variable **overheads**. Selling costs and general administration costs are not included. **Interest** on borrowed capital relating to manufacture is **not reported as an asset**.

28. Vorräte

Die Bewertung der Vorräte wird mit **historischen Anschaffungskosten** vorgenommen oder zu einem **geringeren Marktwert**. Grundsätzlich werden die Kosten nach der **gewogenen Durchschnittspreismethode** bestimmt.

Die Herstellungskosten enthalten **alle direkt zurechenbaren Aufwendungen** genau so wie alle fixen und variablen **Gemeinkosten**. Vertriebs- und Verwaltungskosten werden nicht eingeschlossen. **Zinsen** für die Fremdfinanzierung der Produktion **werden nicht aktiviert**.

29. Inventories

Inventories **are stated** at the lower of cost or net realizable value. This valuation is generally based on the **moving average method**. Cost includes direct expenses, allocated overhead, and depreciation **based on normal**

capacity usage. Interest charges and **selling and administrative expenses** are not included in the production cost of current assets. Risks resulting from **length of storage** or other impairments in value are reflected **in appropriate write-downs**.

29. Vorräte

Vorräte **werden** zum niedrigeren Wert, entweder nach Kosten oder Nettorealisationswert, **bewertet**. Diese Bewertung erfolgt generell nach der **gleitenden Durchschnittspreismethode**. Die Herstellkosten schließen Einzelkosten und Gemeinkosten ein und eine offenbare Unterbeschäftigung wird berücksichtigt (wörtlich: Kosten **basierend auf der Normalbeschäftigung**). Zinsaufwand und **Vertriebs- und Verwaltungsgemeinkosten** sind nicht in den Herstellungskosten des Umlaufvermögens enthalten. Risken der **langen Lagerdauer** (Ladenhüter) und andere außerplanmäßige Abschreibungen wurden mit **entsprechenden Abwertungen** berücksichtigt.

30. Inventories

Raw materials and consumables are stated at the lower of cost or market taking into account the **net realizable value**. Costs are determined by applying the **weighted average method**.

Work in progress and finished goods are also stated at the lower of cost or market. Cost of production includes **direct costs** and fixed and variable **overhead expenses**.

30. Vorräte

Roh-, Hilf- und Betriebsstoffe werden nach dem strengen Niederstwertprinzip unter Berücksichtigung des **netto realisierbaren Wertes** ausgewiesen. Die Bewertung mit den Anschaffungskosten erfolgt unter Anwendung der **gewogenen Durchschnittspreismethode**. **Halbfertige** und fertige Produkte wurden auch nach dem strengen Niederstwertprinzip bewertet. Die Herstellkosten bestehen aus **Einzelkosten** und fixen und variablen **Gemeinkosten**.

31. Inventories

Inventories of *merchandise and* ***real estate held for sale****, finished goods,* ***raw materials and supplies*** are valued at their **cost of** purchase or **production**, or at the net realizable value on the balance-sheet date if this is lower. If the net realizable value of inventories that were written down in the past **has risen**

again, their **book values are increased** accordingly. Production costs include all costs that are attributable to the **production process**, either directly or indirectly. Financing costs are **not taken into consideration**.

With **construction contracts**, **profit realization** is booked according to the percentage-of-completion method. **Revenues** are entered proportionate to the **percentage of completion** of each order.

The percentage of completion is generally determined on the basis of the **output** that has been produced at the balance-sheet date. If for construction contracts output has been produced which exceeds the amount that has been **invoiced for progress payments**, this excess **is shown under** *work in progress*. If the amount that has been invoiced is higher than the **output produced**, this excess is shown under *progress billings in excess of cost and estimated earnings*. **Receivables** from percentage of completion correspond with the **balance of progress payments** invoiced less progress payments received; they are shown together with trade receivables.

Anticipated contract losses are accounted for **in full** from the time that they become known.

31. Vorräte

Vorräte an *zum* ***Verkauf bestimmten Grundstücken****, unfertigen und fertigen Erzeugnissen und Waren sowie* ***Roh-, Hilfs- und Betriebsstoffen*** werden mit den Anschaffungskosten bzw. **Herstellungskosten** oder dem niedrigeren, am Bilanzstichtag realisierbaren Nettoveräußerungswert angesetzt. Soweit bei früher abgewerteten Vorräten der Nettoveräußerungswert **gestiegen ist**, werden entsprechende **Wertaufholungen** vorgenommen. Die Herstellungskosten umfassen alle direkt bzw. indirekt dem **Herstellungsprozess** zurechenbaren Kosten. **Finanzierungskosten** werden **nicht berücksichtigt**.

Für **Fertigungsaufträge** erfolgte eine **Gewinnrealisierung** nach der Percentage-of-Completion-Methode. Entsprechend dem **Fertigstellungsgrad** werden die realisierten Beträge bei den **Umsatzerlösen** ausgewiesen.

Der Fertigstellungsgrad wird im Wesentlichen aus dem Anteil der bis zum Bilanzstichtag erreichten **Leistung** an der zu erbringenden Gesamtleistung bestimmt. Soweit für Fertigungsaufträge Leistungen erbracht wurden, die den Betrag der gestellten **Abschlagsrechnungen** übersteigen, **erfolgt der Ausweis** unter dem Posten *Künftige Forderungen aus Fertigungsaufträgen*. Soweit der Betrag der gestellten Abschlagsrechnungen höher ist als **die erbrachte Leistung**, erfolgt der Ausweis unter den Verbindlichkeiten aus Percentage of Completion. Die **Forderungen** aus Percentage of Completion entsprechen dem **Saldo der gestellten Abschlagsrechnungen** abzüglich hierauf erhaltener

Anzahlungen; sie werden zusammen mit den Forderungen aus Lieferungen und Leistungen ausgewiesen.

Drohende Verluste werden zum Zeitpunkt ihres Bekanntwerdens in **voller Höhe** berücksichtigt.

Forderungen

32. Receivables

Receivables and other assets are reported at cost. **Valuation allowances** are made for individual recognisable risks. The **general receivables risk** is generally accounted for on the basis of past empirical values.

32. Forderungen

Forderungen und sonstige Forderungen werden mit dem Nominalwert dargestellt. **Einzelwertberichtigungen** werden durchgeführt. **Pauschalwertberichtigungen** werden aufgrund von Erfahrungswerten durchgeführt.

33. Receivables

Receivables and **other current assets** are stated at **nominal value**. **Individually identifiable risks** are reflected in specific provisions. **Non-interest bearing** receivables with a remaining term in excess of one year are recorded at **discounted present value**. Foreign exchange receivables in individual company accounts are translated at the **average exchange rate** on the balance sheet date.

Securities held as current assets (available-for-sale) are recorded at **purchase price** as of the date of acquisition, and stated at market value in **subsequent periods**, based on stock exchange quotations as of the balance sheet date.

33. Forderungen

Forderungen und **sonstige kurzfristige Forderungen** sind mit den **Anschaffungskosten** dargestellt. **Risken aufgrund von Einzelbewertungen** wurden wertberichtigt. **Unverzinsliche** langfristige Forderungen wurden auf den **Barwert** abgezinst. Fremdwährungsforderungen in den einzelnen Tochtergesellschaften wurden zum **Durchschnittskurs** (Mittelkurs) am Bilanzstichtag umgerechnet.

Zum Verkauf stehende Wertpapiere werden mit den **ursprünglichen Anschaffungskosten** ausgewiesen bzw. mit dem Marktwert der **nachfolgenden Perioden**, der sich aus dem Börsenkurs an den einzelnen Bilanzstichtagen ergibt.

34. Current Investments

Available-for-sale securities are stated at their market value. The differences between **fair value** and **initial cost** are shown under other comprehensive income, taking account of deferred taxes.

34. Kurzfristige Wertpapiere

Zum Verkauf zur Verfügung stehende Wertpapiere werden mit ihrem Marktwert bilanziert. Die Differenz zwischen dem **Makrtwert** und den **ursprünglichen Anschaffungskosten** wird im erweiterten Eigenkapital, nach Berücksichtigung latenter Steuern, dargestellt.

35. Accounts Receivable

Specific provisions have been made for amounts regarded **uncollectible** or only partly collectible.

35. Forderungen

Für Beträge, die als **uneinbringlich** oder nur teilweise einbringlich angesehen werden, wurden **Wertberichtigungen** vorgenommen.

36. Receivables

With **receivables** and other assets, which are generally entered at **nominal values**, provision has been made for potential risks by means of **individual value adjustments**.

36. Forderungen

Bei **Forderungen** und sonstigen Vermögenswerten, die grundsätzlich zu **Nennwerten** bilanziert werden, haben wir möglichen Risiken durch **Wertberichtigungen** Rechnung getragen.

37. Cash and equivalents

Cash and equivalents include highly liquid investments with **original maturities** of three months or less. Cash and equivalents does not include restricted cash of U.S.-$ 452 million and U.S.-$ 433 million at December 31, 2004 and 2003, respectively, which are reflected as **long-term assets**.

37. Flüssige Mittel

Zusätzlich zu Bargeld und Sichtguthaben bei Banken werden hochliquide Finanzanlagen mit einer **ursprünglichen Laufzeit** von drei Monaten oder weniger ebenfalls als flüssige Mittel bezeichnet. Nicht enthalten in den flüssigen Mitteln sind nicht frei verfügbare Barmittel von US-$ 452 Mio. am 31. Dezember 2004 resp. US-$ 433 Mio. am 31. Dezember 2003, die als **langfristige Vermögenswerte** ausgewiesen sind.

38. Marketable Securities and Short-term Investments

Debt and equity securities are classified as either **trading** or **available-for-sale at the time** of purchase and are carried at **fair value**. Debt and equity securities that are purchased and held principally for the **purpose of sale in the near term** are classified as **trading** securities and **unrealized gains and losses** thereon are included in the determination of earnings. Unrealized gains and losses **on available-for-sale securities** are **excluded from the determination of earnings** and are instead recognized in the accumulated other comprehensive loss component of stockholders' equity, net of tax (accumulated other comprehensive loss) until realized. **Realized gains and losses** on available-for-sale securities are computed based upon the **historical cost** of these securities applied using the **specific identification** method. **Declines in fair values** of available-for-sale securities that are other-than-temporary are included in the determination of earnings.

38. Marktgängige Wertpapiere und kurzfristige Finanzanlagen

Obligationen und Aktien werden um Zeitpunkt des Erwerbs entweder **zum Handel** oder als **zur Veräußerung verfügbare Wertpapiere** (Available-for-Sale) ausgewiesen und zu **Marktpreisen** bewertet. Obligationen und Aktien, die **hauptsächlich zu kurzfristigen Anlagezwecken erworben** und gehalten werden, sind **im Handelsbestand** erfasst; **nicht realisierte Gewinne** und Verluste hieraus werden erfolgswirksam berücksichtigt. Nicht realisierte Gewinne und Verluste aus zur **Veräußerung verfügbaren Wertpapieren** werden **nicht erfolgswirksam berücksichtigt**, sondern bis zur Realisierung als Bestandteil des kumulierten übrigen *Comprehensive Loss* geführt. **Realisierte Gewinne und Verluste** aus solchen Wertpapieren werden auf der Basis der **historischen Kosten** dieser Wertpapiere **individuell berechnet**. **Kursverluste** von auf diese Weise klassifizierten marktgängigen Wertpapieren, die nicht als dauerhaft gelten, werden in der Berechnung des Konzernergebnisse berücksichtigt.

39. Cash Equivalents

Cash equivalents are highly liquid investments (valued at cost, which approximates fair value), acquired with an **original maturity** of three months or less.

39. Geldwertige Positionen

Geldwertige Positionen werden als Liquidität betrachtet (mit den Anschaffungskosten bewertet, die dem Marktwert entsprechen) mit einer **ursprünglichen Laufzeit** bis zu drei Monaten.

Rückstellungen, latente Steuern, Verbindlichkeiten

40. Pension and Other Post Retirement Benefits

The accumulated **unrecognized actuarial losses** for pensions relate primarily to the actual return on plan assets being **less than the expected return on plan assets** and the **decline in the discount rate**. The accumulated unrecognized **actuarial losses** for other postretirement benefits relate primarily to **actual** healthcare **costs increasing** at a higher rate than assumed and the **decline in the discount rate**. The increase in the accumulated unrecognized **actuarial losses** for both pension and other postretirement benefits have occurred primarily since 2001. Since the accumulated unrecognized actuarial losses exceed 10 percent of the higher of the **market value of plan assets** or the **projected benefit obligation** ("PBO") at the beginning of the year, amortization of such excess over a period of 6 to 13 years has been included in net periodic **benefit costs for pension** and other postretirement benefits in each of the last three years.

The PBO is the actuarial **present value of benefits** attributable to employee service **rendered** to date, including the **effects of estimated future pay increases**. The accumulated benefit obligation ("ABO") also **reflects the actuarial present value of benefits** attributable to employee service rendered to date, but **does not include the effects of estimated future pay increases**. In order to measure the **funded status for** financial accounting purposes, the ABO is compared to the market value of plan assets and amounts accrued for such benefits in the balance sheet.

The **ABO** exceeds the **market value of plan assets** for these plans as of December 31, 2004 and 2003 by U.S.-$ 319 million and U.S.-$ 375 million, respectively.

40. Pensionsrückstellung

Der kumulierte, noch **nicht eingebuchte Verlust** aufgrund versicherungsmathematischer Annahmen betreffend die Pensionsrückstellung bezieht sich hauptsächlich darauf, dass der **tatsächliche Ertrag aus dem Pensionsfonds geringer** war als der erwartete Ertrag und auf die **Reduzierung des Diskontsatzes**. Die kumulierten, nicht eingebuchten **versicherungsmathematischen Verluste** für die anderen Ansprüche der Pensionisten beziehen sich auf die **Steigerung der tatsächlichen Kosten** der Gesundheitsfürsorge, die höher waren als angenommen, und auf die **Reduzierung des Diskontsatzes**. Die Steigerung der kumulierten **versicherungsmathematischen Verluste** für beide, die Pensionen und die anderen Verpflichtungen gegenüber Pensionisten, haben hauptsächlich seit 2001 stattgefunden. Nachdem die kumulierten, bisher nicht berücksichtigten versicherungsmathematischen Verluste die 10-%-Grenze überschritten haben, und zwar das Höhere vom **Marktwert des Pensionsfonds** oder der **Pensionsverpflichtung auf Basis zukünftiger Ansprüche** (PBO), wurde mit Beginn des Jahres der Überhang über eine Periode von sechs bis dreizehn Jahren verteilt, und der **Aufwand als Pensionsaufwand** ausgewiesen, und das bereits in den letzten drei Jahren.

Die *projected benefit obligation* errechnet sich aus dem **Barwert der Ansprüche**, die die Mitarbeiter bis zum Bilanzstichtag **erworben** haben, dabei wurde die **Auswirkung zukünftiger Gehaltserhöhungen** berücksichtigt. Die *accumulated benefit obligation* (ABO) **widerspiegelt genauso die erworbenen Pensionsansprüche der Mitarbeiter** zum Bilanzstichtag, **berücksichtigt** aber **nicht zukünftige Gehaltserhöhungen**. Um die Vermögensdeckung (der Verpflichtung) aus Bilanzierungsgründen zu überprüfen, wird die *Accumulated-benefit-obligation*-Methode mit dem Marktwert des Vermögens des Pensionsfonds verglichen und ein **Fehlbetrag** in der Bilanz rückgestellt.

Die **Verpflichtung** nach der *accumulated benefit obligation* (ABO) übersteigt den **Tageswert des Fondsvermögens** zum 31.12.2004 und 2003 um 319 Millionen US-$ bzw. um 375 Millionen US-$.

41. Pension Plans

Defined-**benefit** or defined-**contribution** pension plans cover nearly all Group employees. The pension benefits of employees under defined-benefit plans are **based upon final pay** and **length of service**. **Assets** have not been segregated, nor have **contributions been made to a pension fund** to fund the defined-benefit pension plan.

41. Pensionspläne

Pensionspläne mit definierten **Zusagen** oder definierten **Beiträgen** bestehen beinahe für alle Konzernmitarbeiter. Die Pensionszusagen für Mitarbeiter **basieren auf den Gehältern im Zeitpunkt des Pensionsantrittes** und sind abhängig von der **Dauer der Betriebszugehörigkeit**. Weder sind **Vermögensteile** abgesondert worden noch gibt es **Beiträge an einen Pensionsfonds**, um diesen definierten Pensionszusagenplan abzudecken.

42. Other Long-term Employee Benefits

Anniversary Bonuses

Pursuant to collective bargaining agreements, the company and its subsidiaries are required to make **anniversary bonus payments** to **employees**

who have worked for the company for a **specified number of years**. Such payments are based on the salary at the date of the respective anniversary.

Severance payments

Employees, whose contracts of employment are **subject to Austrian law**, are also **entitled to** termination benefits after three years of **uninterrupted service** if the respective contract of employment was begun prior to 1 January 2003 and if the **employer terminates the employment**, or if the employee **resigns prematurely** for justified reasons.

For employees, whose **contracts of employment** are subject to Austrian law and were begun after 31 December 2002, a **defined-contribution** system applies, under which the employer pays 1,53 percent of the salary of the entitled employee into an employees' **pension fund**.

42. Andere langfristige Verpflichtungen gegenüber den Mitarbeitern

Jubiläumsgeld

Gemäß Kollektivvertragsvereinbarung sind die Gesellschaft und die verbundenen Unternehmen verpflichtet, **Jubiläumsgelder** an **Mitarbeiter** zu zahlen, die eine **bestimmte Zeit** für die Gesellschaft gearbeitet haben. Diese Zahlungen richten sich nach den Gehältern in den jeweiligen Jubiläumsjahren.

Abfertigungsrückstellung

Mitarbeiter, deren Dienstverträge **dem österreichischen Gesetz unterliegen**, sind darüber hinaus **berechtigt**, bei Beendigung des Dienstverhältnisses nach drei Jahren **ununterbrochener Dienstzugehörigkeit** eine Abfertigung zu erhalten, wenn das Dienstverhältnis vor dem 1.1.2003 begonnen hat und der Arbeitgeber das **Dienstverhältnis von seiner Seite beendet** hat oder der Arbeitnehmer **vorzeitig begründet ausgetreten** ist.

Für Mitarbeiter, deren **Dienstverträge** österreichischen Gesetzen unterliegen und nach dem 31.12.2002 begonnen haben, wird ein **definierter Beitragsplan** angewendet, nach dem der Arbeitgeber 1,53 % des Gehaltes des berechtigten Mitarbeiters in eine **Mitarbeitervorsorgekasse** einzahlt.

43. Provisions

Provisions for severance payments are calculated according to **financial principles** based on a **retirement age** of 61,5 (men) and 56,5 (women), using a **discount rate** of 4 percent.

The **projected unit credit method** is used to calculate the **provisions for pension obligations**. The valuation of these pension obligations **incorporates**

future wage and salary increases, as well as increases in contributions and **performance based commitments**. Calculations are generally based on **discount rates** of 5,5 percent, an **expected increase** of 3,5 percent in **income**, expected growth of 2,5 percent in pensions and **average fluctuation** of 2,0 percent.

In agreement with IAS 12 (revised), the **provision for deferred taxes** includes all **temporary** valuation and accounting **differences** arising between financial statements prepared **for tax purposes** and IAS financial statements. The provision for this item is calculated at the **tax rate** expected when these differences **reverse** in the future, based on the local tax rate of the relevant Group company.

43. Rückstellungen

Die **Abfertigungsrückstellungen** werden **finanzmathematisch**, ausgehend von einem **Pensionsalter** von 61,5 Jahren (Männer) und 56,5 Jahren (Frauen), berechnet. Dabei wird ein Zinssatz von 4 % berücksichtigt.

Für die Berechnung der **Pensionsrückstellung** wurde die Methode zur **Pensionsberechnung auf Basis künftiger Ansprüche** verwendet. Für die Bewertung dieser Pensionsverpflichtung werden **zukünftige Lohn- und Gehaltserhöhungen berücksichtigt,** genauso wie **Gehaltssteigerungen aufgrund von Beförderungen**. Die Berechnung berücksichtigt grundsätzlich einen **Rechnungszinssatz** von 5,5 %, eine **erwartete Gehaltssteigerung** von 3,5 %, eine erwartete Pensionssteigerung mit 2,5 % und eine **durchschnittliche Fluktuation** mit 2 %.

In Übereinstimmung mit IAS 12 (überarbeitet) beinhaltet die **Rückstellung für latente Steuern** alle **vorübergehenden Bewertungsdifferenzen** zwischen dem Handelsbilanzansatz (IAS) und dem **steuerlichen Ansatz** (steuerliche Zwecke). Die Rückstellung ist mit jenem **Steuersatz** berechnet, von dem man erwartet, dass er zukünftig besteht, wenn sich die Differenzen **umdrehen**, basierend auf dem Steuersatz des jeweiligen Tochterunternehmens.

44. Pension Provisions

Pension provisions and **similar liabilities** are calculated according to the projected-unit-credit method for defined-benefit pension plans, taking into **consideration future salary and pension increases**. If the **actuarial gains and losses** are outside the limits of a 10 percent range of total benefit obligations, they are distributed over the **average remaining length of service**. As far as possible, the fair value of **plan assets** is set off. The **interest**

component contained in the pension expense is shown as an **interest expense** under financial income.

44. Pensionsrückstellung

Die **Rückstellungen für Pensionen** und **ähnliche Verpflichtungen** werden nach dem Anwartschaftsbarwertverfahren für leistungsorientierte Altersversorgungspläne **unter Berücksichtigung von zukünftigen Entgelt- und Rentenanpassungen** errechnet. Liegen die **versicherungsmathematischen Gewinne und Verluste** außerhalb einer Bandbreite von 10 % des Versicherungsumfangs, werden diese über die **durchschnittliche Restdienstzeit** verteilt. Soweit möglich, werden **Planvermögen** offen abgesetzt. Der in den Pensionsaufwendungen enthaltene **Zinsanteil** wird als **Zinsaufwand** im Finanzergebnis ausgewiesen.

45. Other Provisions

Other **provisions** are accounted for insofar as there is a present liability resulting from a **past event**, the occurrence is **more likely than unlikely**, and the level of the liability **can be reliably estimated**. Provisions are carried at **settlement values** and are not offset against positive profit contributions. Provisions are only formed for **legal or factual obligations** towards third parties.

45. Sonstige Rückstellung

Die **übrigen Rückstellungen** sind insoweit berücksichtigt, als sich aus einem **vergangenen Ereignis** eine gegenwärtige Verpflichtung ergibt, die Höhe der Inanspruchnahme **eher wahrscheinlich als unwahrscheinlich** ist und diese **zuverlässig geschätzt werden kann**. Die Rückstellungen werden mit ihrem **Erfüllungsbetrag** angesetzt und nicht mit positiven Erfolgsbeiträgen saldiert. Rückstellungen werden nur für **rechtliche oder faktische Verpflichtungen** gegenüber Dritten gebildet.

46. Provisions and Liabilities

Provisions are accrued to the amount, which, according to **commercial judgement**, is necessary on the balance sheet date to cover **future payment obligations**, **recognisable risks** and uncertain Group obligations. Provisions are reported at the **most probable amount** following a **careful assessment of the situation**.

Group companies make **appropriate provision** for future severance payments. The **valuation** of the **future severance payment obligations** is calculated on the basis of actuarial **expert opinions** using the projected unit credit method.

Future **probable pension payments** are spread over the **time of employment** of the employee **until retirement age**. **Future anticipated increases in remuneration** are taken into account.

Changes in the **actuarial valuation assumptions** (life expectancy, **fluctuation rates**, early retirement trends, the **current market interest rate on blue chip**, fixed-interest industrial bonds, **salary levels and trends**, expected return on plan assets) have an effect on each balance sheet date, which is designated as **actuarial gains and losses**.

46. Rückstellungen und Verbindlichkeiten

Rückstellungen werden nach **kaufmännischer Vorsicht** mit jenem Betrag gebildet, der notwendig ist, um **zukünftige Zahlungsverpflichtungen**, **erkennbare Risken** und ungewisse Verbindlichkeiten des Konzerns in der Bilanz darzustellen. Rückstellungen werden mit dem **wahrscheinlichen Betrag** ausgewiesen, der aufgrund einer **sorgfältigen Beurteilung des Sachverhaltes** festgestellt wurde.

Im Konzern werden für zukünftige Abfertigungszahlungen **ausreichende Rückstellungen** gebildet. Die **Bewertung** der **zukünftigen Zahlungsverpflichtungen** wird nach der Methode zur Pensionsberechnung auf Basis künftiger Ansprüche von **Versicherungsmathematikern** errechnet.

Die **zukünftigen wahrscheinlichen Pensionszahlungen** werden über die **Restarbeitszeit** der Mitarbeiter bis **zum Pensionsantritt** verteilt. **Zukünftige erwartete Gehaltserhöhungen** werden berücksichtigt.

Veränderungen durch **versicherungsmathematische Annahmen** (Lebenserwartung, **Fluktuationsrate**, Trends zur frühzeitigen Pensionierung, **Zinssatz erstklassiger Anleihen**, festverzinsliche Industrieanleihen, **Gehaltsniveau und Gehaltstrends**, erwarteter Ertrag aus einem Pensionsfonds) wirken sich an jedem Bilanzstichtag aus und werden als **versicherungsmathematische Gewinne und Verluste** bezeichnet.

47. Provisions for restructuring

Provisions for restructuring are made prior to the balance sheet date **in accordance** with IAS 37, if a **sufficiently detailed plan** is available and published.

47. Restrukturierungsrückstellungen

Restrukturierungsrückstellungen wurden vor dem Bilanzstichtag **in Übereinstimmung** mit IAS 37 gebildet, falls (unter der Voraussetzung) ein **ausreichend detaillierter Plan** vorliegt, der auch (im Unternehmen) bekannt gemacht wurde.

48. Product Warranties

The Company **accrues for product warranties** at the time the products are sold based on **historical claims** experience.

48. Gewährleistungsrückstellung

Die Gesellschaft **bildet eine Gewährleistungsrückstellung** im Zeitpunkt des Verkaufes, basierend auf **Ansprüchen der Vergangenheit**.

49. Asset Retirement Obligations

Effective January 1, 2003, the company adopted the **provisions** of SFAS No. 143. An **asset retirement obligation** represents a legal obligation associated with the retirement of a tangible long-lived asset that **is incurred upon the acquisition**, construction, development or normal operation of that long-lived asset. This standard requires the Company to **recognize asset retirement obligations** in the period in which they are incurred, if a **reasonable estimate** of fair value can be made.

49. Entsorgungsrückstellung

Mit Wirkung 1.1.2003 wendet die Gesellschaft die **Rückstellung** gemäß SFAS Nr. 143 an. Die **Verpflichtung zur Entsorgung** ist gesetzlich vorgeschrieben und betrifft das Ausscheiden von langfristigem Anlagevermögen und **besteht ab dem Zeitpunkt der Anschaffung**, Konstruktion, Entwicklung und Inbetriebnahme dieser Anlagegüter. Der Standard verlangt von der Gesellschaft die **Berücksichtigung der Rückstellung** in der Periode, in der sie anfällt, falls eine **begründete Schätzung** dafür vorgenommen werden kann.

50. Reclassifications

Certain amounts in the 2003 financial statements have been **reclassified** to be consistent with the 2004 presentation.

50. Umgliederungen

Bestimmte Beträge im Jahresabschluss 2003 sind **umgegliedert** worden, damit sie mit der Darstellung des Jahresabschlusses 2004 übereinstimmen.

51. Taxes

The Company uses the asset and liability method to account for **deferred taxes**. Under this method, **deferred tax assets and liabilities** are determined based on **temporary differences** between the financial reporting and the tax bases of assets and liabilities. Deferred tax assets and liabilities are measured using **enacted tax rates and laws** that will be in effect when the differences are expected to reverse. For financial statement purposes the Company records a deferred tax asset when it determines that it is probable that the deduction will be sustained **based upon the deduction's technical merit**. Deferred tax assets are reduced by a valuation allowance to reflect the amount that is more likely than not to be realized.

51. Steuern

Das Unternehmen aktiviert **latente Steuern** nach der Asset-and-Liability-Methode. Gemäß dieser Methode werden **passive und aktive latente Steuern** basierend auf den **temporären Differenzen** zwischen den berichterstattungsspezifischen und den steuerlich bewerteten Aktiven und Passiven berechnet. Die Berechnung passiver und aktiver latenter Steuern erfolgt anhand der **anzuwendenden Steuersätze und -gesetzgebungen** zum Zeitpunkt, zu dem solche Differenzen aufgehoben werden. Zum Zweck der Jahresrechnung verbucht das Unternehmen aktive latente Steuern, wenn die Wahrscheinlichkeit besteht, dass der Abzug **basierend auf seiner rechnungslegungsspezifischen Bewertung** dauerhaft scheint. Aktive latente Steuern werden wertberichtigt, um den Betrag widerzuspiegeln, der wahrscheinlich realisierbar ist.

52. Deferred Taxation

Deferred tax assets and liabilities are determined based on the **differences** between the **carrying amounts of assets** and **liabilities** reported in the **consolidated financial statements** and their **tax bases**, using the **tax rates** enacted as at the balance-sheet dates and applicable in the years in which the differences are expected to reverse.

52. Latente Steuern

Aktiv und passiv latente Steuern wurden, basierend auf den **Differenzen** zwischen den **Buchwerten der Vermögensgegenstände** und **Schulden**, dargestellt im **Konzernabschluss**, und ihren **steuerlichen Werten** ermittelt, unter Berücksichtigung des **Steuersatzes**, der in den nächsten Jahren anzuwenden ist, wenn sich die Differenzen umkehren.

53. Deferred Taxes

Deferred taxes are taken into consideration in terms of any **deviations** between the **valuation of assets and liabilities** according to IAS and the **tax valuation** in the amount of the expected **future tax charge or relief**. In addition, deferred tax assets are created for future benefits from **tax-loss carry-forwards if their realization can reasonably be expected**. Deferred tax assets and liabilities from temporary differences are netted off provided that **offsetting is legally** possible.

53. Latente Steuern

Latente Steuern werden auf **Abweichungen** zwischen den **Wertansätzen von Vermögenswerten und Schulden** nach IFRS und den **steuerlichen Wertansätzen** in Höhe der voraussichtlichen **künftigen Steuerbelastung bzw. -entlastung** berücksichtigt. Daneben werden aktive latente Steuern für künftige Vermögensvorteile aus **steuerlichen Verlustvorträgen** angesetzt, **soweit mit der Realisierung hinreichend gerechnet werden kann**. Eine Saldierung von aktiven und passiven latenten Steuern aus Bewertungsunterschieden erfolgt, soweit die Möglichkeit einer **gesetzlichen Aufrechnung** besteht.

54. Liabilities

Liabilities are shown in the balance sheet at the **amounts repayable**.

54. Verbindlichkeiten

Verbindlichkeiten sind mit ihrem **Rückzahlungsbetrag** passiviert.

55. Financial Leasing Agreements

With **financial leasing agreements**, liabilities are entered at the **present value of the leasing payments**.

55. Finanzierungsleasingverträge

Bei **Finanzierungsleasingverträgen** erfolgt der Ansatz der Verbindlichkeiten in Höhe des **Barwerts der Leasingraten**.

56. Liabilities

Liabilities are reported at amortised costs. **Liabilities in foreign currencies** are reported at the **mean rate of exchange** on the **balance sheet date**.

56. Verbindlichkeiten

Verbindlichkeiten werden mit dem Nominalbetrag oder mit einem höheren Rückkaufswert ausgewiesen. **Fremdwährungsverbindlichkeiten** werden mit dem **Devisenmittelkurs** am **Bilanzstichtag** ausgewiesen.

Derivate

57. Derivative Financial Instruments

Forward foreign exchange contracts are the primary instrument used to manage foreign **exchange risk**. Where forward foreign exchange contracts are designated as **cash flow hedges** under SFAS 133, **changes in their fair value** are recorded in accumulated other comprehensive loss until the hedged item is recognized in earnings. The Company also enters into forward foreign exchange contracts that serve as economic hedges of **existing assets and liabilities**. These are not designated as **accounting hedges** under SFAS 133 and, consequently, changes in their fair value are reported in earnings where they offset the **translation gain or loss** on the foreign currency **denominated asset or liability**.

To reduce its interest rate and currency exposure arising from its **funding activities** and to **hedge specific assets**, the Company uses interest rate and currency swaps. Where interest rate swaps are designated as **fair value hedges**, the changes in fair value of the swaps are recognized in earnings, as are the changes in the fair value of the underlying assets or liabilities. Where such interest rate swaps do not qualify for the short cut method as defined under SFAS 133, any ineffectiveness is included in earnings. Where interest rate swaps are designated as cash flow hedges, their change in value is recognized in **accumulated** other comprehensive loss until the **hedged item** is recognized in earnings.

57. Derivative Finanzinstrumente

Zur Absicherung von **Fremdwährungsrisiken** werden hauptsächlich **Devisenterminkontrakte** verwendet. Sofern Devisenterminkontrakte gemäß SFAS 133 als **Cashflow-Absicherung** vorgesehen sind, werden **Marktwertveränderungen** unter dem kumulierten, übrigen *Comprehensive Loss* verbucht, bis die abgesicherte Transaktion erfolgswirksam wird. Devisenterminkontrakte können auch als Absicherungen der **vorhandenen Vermögenswerte und Verbindlichkeiten** eingegangen werden. Diese werden gemäß SFAS 133 nicht als **Absicherungen** erkannt. Marktwertveränderungen werden demzufolge erfolgswirksam mit den **Umrechnungsgewinnen oder -verlusten** der in Fremdwährung **gehaltenen Vermögenswerte oder Verbindlichkeiten** verrechnet.

Zur Absicherung von Zins- und Währungsrisiken der **Finanzaktivitäten** und zur **Absicherung spezifischer Vermögenswerte** setzt das Unternehmen Zins- und Währungs-Swaps ein. Werden Zins-Swaps zur **Absicherung von Marktwerten** verwendet, werden die Marktwertveränderungen der Swaps mit der Marktwertänderung der zugrunde liegenden Vermögenswerte oder Verbindlichkeiten erfolgswirksam verbucht. Wenn solche Zins-Swaps nicht gemäß Short-cut-Methode aus SFAS 133 erfasst werden können, wird der ineffektive Anteil erfolgswirksam verbucht. Wertveränderungen von zur Cashflow-Absicherung vorgesehenen Zins-Swaps werden unter dem **kumulierten** *Comprehensive Loss* ausgewiesen, bis die **abgesicherte Transaktion** erfolgswirksam wird.

58. Derivative Financial Instruments

Interest rate and foreign exchange swaps and foreign exchange contracts are recorded at **purchase price** as of the **trade date** and shown at **market price** in **subsequent periods**.

58. Derivate

Der Tausch von **Zinssätzen** und von Fremdwährungen sowie Devisentermingeschäfte sind mit den **Anschaffungskosten** verbucht bezogen auf den **Erfüllungstag** und in den **Folgeperioden** jeweils zum **Marktpreis** bewertet.

59. Derivative Financial Instruments

Derivative financial instruments (currency futures, currency options, interest-rate swaps and interest-rate options) are only used to **hedge against interest-rate and currency risks**. Purely **speculative transactions** without any **underlying basic transaction** are not undertaken.

Derivative financial instruments are generally entered as assets or liabilities at their **fair values**.

59. Derivative Finanzinstrumente

Derivative Finanzinstrumente (Devisentermin-, Devisenoptionsgeschäfte, Zinsswaps, Zinsoptionen) werden ausschließlich zur **Absicherung gegen Zins- und Währungsrisiken** eingesetzt. Reine **Handelsgeschäfte** ohne ein **entsprechendes Grundgeschäft** werden nicht eingegangen.

Die **derivativen Finanzinstrumente** werden mit ihren **Marktwerten** als Vermögenswerte oder Verbindlichkeiten bilanziert.

Sonstige

60. Earnings per Share

Basic earnings (loss) per share are calculated by **dividing income** (loss) by the **weighted-average number of shares outstanding** during the year. **Diluted earnings** (loss) per share are calculated by dividing income (loss) by the weighted-average number of shares outstanding during the year, assuming that all **potentially dilutive securities** were **exercised**, if dilutive.

60. Gewinn je Aktie

Der Gewinn (Verlust) je Aktie wird aus der **Division des Gewinns** (Verlusts) durch die **gewichtete durchschnittliche Anzahl ausstehender Aktien** des Geschäftsjahres berechnet. Der **verwässerte Gewinn** je Aktie wird aus der Division des Gewinns (Verlusts) durch die gewichtete durchschnittliche Anzahl ausstehender Aktien des Geschäftsjahres berechnet, unter der Annahme, dass alle **Wertpapiere mit potenziellem Verwässerungseffekt** im Falle einer tatsächlichen Verwässerung **eingelöst** werden.

61. Earnings per share

Earnings per share are based on **Group profit after tax less minority interest**, divided by the number of outstanding shares (less treasury stock). There are no **outstanding options rights** for the emission of new shares.

61. Gewinn je Aktie

Der Gewinn je Aktie basiert auf dem **Konzernergebnis nach Steuern, abzüglich der Gewinnanteile von Minderheitsbeteiligungen**, dividiert durch die **im Umlauf befindlichen Aktien** (abzüglich eigener Aktien).

62. Earning per Share

Earnings per share are computed by dividing income available to common stockholders by the **weighted average number of common shares outstanding** in the period.

62. Gewinn je Aktie

Gewinne je Aktie werden durch die Division von Gewinn durch die **Anzahl der gewogenen, im Umlauf befindlichen Stammaktien** berechnet.

63. Revenue Recognition

The Company **recognizes revenues** from the **sale of manufactured products** when persuasive evidence of an arrangement exists, the **price is fixed or determinable**, collectibility is reasonably assured and upon transfer of title, including the risks and rewards of **ownership to the customer**, or upon the rendering of services.

63. Umsatzausweis und Gewinnrealisierung

Das Unternehmen **verbucht Umsatzerlöse** aus dem **Verkauf von gefertigten Produkten**, sobald der eindeutige Nachweis über eine Vereinbarung vorliegt, der **Preis festgesetzt und bestimmbar** ist, die Einzugsfähigkeit der Forderung angemessen gewährleistet und das **Eigentum** (Übergang von Nutzen und Gefahr) **an den Kunden** übergegangen oder die Dienstleistung erbracht worden ist.

64. Revenue Recognition

Revenue from sales is recognized by all **business segments** when **goods are shipped** and title to inventory and risk of loss passes to the customer or when services have been rendered.

64. Ertragsrealisierung

Erträge aus der Veräußerung werden von allen **Unternehmensteilen** dann eingebucht, wenn die **Waren versendet worden sind** und sowohl der Eigentumsübergang als auch der Risikoübergang zum Kunden stattgefunden hat oder wenn Dienstleistungen erbracht worden sind.

65. Shipping and Handling Costs

Amounts billed to customers for shipping and handling are recorded in "**Net sales**" in the accompanying **statement of income**. **Shipping and handling costs** incurred by the Company for the delivery of goods to customers are included in "**Cost of sales**" in the accompanying statement of income.

65. Ausgangsfrachten und Bearbeitungskosten

Die den Kunden in Rechnung gestellten Fracht- und Bearbeitungskosten sind in den **Nettoerlösen** der **Gewinn- und Verlustrechnung** enthalten. **Ausgangsfrachten und Bearbeitungskosten**, die nicht weiterverrechnet wurden, sind in den **Herstellungskosten** enthalten, die in der Gewinn- und Verlustrechnung ausgewiesen sind.

66. Accounting for Revenue

Profits are generally considered as realised with the **transfer of risk** (at the time of transfer of risk and the possibility of utilisation) or, respectively, once the service has been rendered. **Interest, licence and rental income** is realised on a **pro rata basis**.

In order to reflect the **contractual progress** and the **performance of the company for the period**, pursuant to IAS 11 (*Construction Contracts*), contracts are subjected to **pro rata profit realisation** in accordance with the **stage of completion** (*percentage-of-completion method*) on the basis of **a reliable estimate of the stage of completion, total costs and income**. Contract cost contingencies are taken into account during the calculation of the forecast profit in the form of risk provisions.

66. Gewinnrealisierung

Gewinne werden grundsätzlich mit dem **Risikoübergang** oder im Zeitpunkt der Leistungserbringung realisiert (im Zeitpunkt des Risikoübergangs und der Nutzungsmöglichkeit). **Zinserträge, Lizenzerträge und Mieterträge** werden **anteilsmäßig** realisiert.

Damit die **Vertragserfüllung** und **periodengerechte Leistungserbringung der Gesellschaft** dargestellt werden kann, erfolgt gemäß IAS 11 eine **Teilgewinnrealisierung** im **Ausmaß der Fertigstellung** unter Berücksichtigung des **verlässlich geschätzten Fertigstellungsgrades**, der **Gesamtkosten und des Gewinnes**.

67. Revenue Recognition

Revenue from product sales is recognized at the time when risks and rewards of ownership of the product pass to the customer, taking into account the **terms of delivery agreed** upon.

67. Erlösberücksichtigung

Erlöse aus dem Produktverkauf werden zu jenem Zeitpunkt berücksichtigt, in dem der Eigentumsübergang zum Kunden erfolgt – unter Berücksichtigung der **vereinbarten Lieferbedingungen**.

68. Operating Cycle

A portion of the Company's operating cycle, **including long-term construction activities**, exceeds one year. For **classification of current assets** and **liabilities** related to these types of construction activities, the Company elected to use the **duration of the contract** as its operating cycle.

68. Geschäftszyklus

Ein Teil des Geschäftszyklus des Unternehmens, **einschließlich langfristiger Projekte**, läuft länger als ein Jahr. Zur **Klassifizierung des Umlaufvermögens** und der **kurzfristigen Verbindlichkeiten** dieser Projekte hat sich das Unternehmen dafür entschieden, die **Vertragsdauer** als Dauer des Geschäftszyklus einzusetzen.

69. Estimates

In **preparing the Group financial statements**, it is necessary to estimate **certain figures** and make assumptions that influence the **recording of assets and liabilities**, the **declaration of** other **obligations** as of the **balance sheet date**, and the **recording of revenues and expenses** during the **reporting period**. The **actual figures**, which become known at a later date, may differ from these **estimates**.

69. Schätzungen

Bei der **Erstellung des Konzernabschlusses** ist es erforderlich, **bestimmte Beträge** zu schätzen und Annahmen zu machen, die den **Ausweis von Aktiva und Passiva** bzw. die **Darstellung von Verpflichtungen** zum **Bilanzstichtag** und den **Ausweis von Aufwand und Erträgen** im **Berichtsjahr** betreffen. Die **tatsächlichen Zahlen** werden erst später feststehen und können von den gemachten **Schätzungen** abweichen.

70. Use of Estimates in the Preparation of Financial Statements

The **preparation of financial statements** in conformity with U.S. Generally Accepted Accounting Principles requires **management to make estimates and assumptions** that affect the reported amounts of assets and liabilities and the **disclosure of contingent assets and liabilities** at the **date of the financial statements**, as well as the **reported amounts of income and expenses** during the **reporting period**. Actual outcomes could differ from those estimates.

70. Vornahme von Schätzungen

Bei der **Erstellung des Jahresabschlusses** nach US-GAAP **werden vom Management Schätzungen und Annahmen gemacht**, die eine Auswirkung auf die Höhe von Aktiva und Passiva haben und die **Offenlegung von Eventualforderungen und Eventualverbindlichkeiten** am **Bilanzstichtag** bewirken und genauso die **ausgewiesenen Aufwendungen und Erträge** im **Berichtsjahr** betreffen. Die tatsächlichen Beträge können von den geschätzten Beträgen abweichen.

Zu den Autoren

Dr. David Grünberger, CPA, ist Mitarbeiter der österreichischen Finanzmarktaufsicht. Er ist Mitglied des *Accounting Regulatory Committee* in Brüssel, das über die Einführung neuer IAS/IFRS in der EU entscheidet, Mitglied der Expertengruppe Bankbilanzen im *Committee of European Banking Supervisors* in London sowie Mitglied im österreichischen Rechnungslegungskomitee (AFRAC).

Dr. Herbert Grünberger, Wirtschaftsprüfer, Steuerberater und Certified Public Accountant (CPA, Chicago), ist Gesellschafter der Moore Stephens Wirtschaftsprüfung in Linz und Associate Professor of Accounting an der Lauder Business School in Wien.

CD-Track-Verzeichnis

Auf der beigelegten CD finden Sie die wichtigsten englischen Vokabeln des Buches samt deutscher Übersetzung. Diese Vokabeln sind im Buch selbst (S. 9 ff) mit einem CD-Logo gekennzeichnet.

Zur leichteren Auffindbarkeit hier eine Übersicht über den Inhalt der einzelnen CD-Tracks:

Track 19
detection risk – discontinued operations

Track 20
disposal (of fixed assets) – due diligence

Track 21
earnings per share – encumbrance

Track 22
engagement letter – exempt, exemption

Track 23
expenditure – fair value method

Track 24
faithful representation – finished goods

Track 25
fixed assets – forward contract

Track 26
fraud – general ledger

Track 27
general meeting – government grants

Track 28
gross sales – historical cost

Track 29
impairment – income before taxes

Track 30
income by function – indirect costs

Track 31
inherent risk – interim statement

Track 32
intrinsic value method – irrevocable

Track 33
itemize – ledger

Track 34
legal (statutory) reserves – loan

Track 35
local currency – maintenance

Track 36
management letter – maturity date

Track 37
measurement – mortality table

Track 38
mortgage – net present value

Track 39
non vested benefits – nonrecurring

Track 40
notes (to the financial statement) – opinion

Track 41
other comprehensive income – outstanding

Track 42
owners' (stockholders') equity – payroll

Track 43
payroll taxes – permanent file

Track 44
physical deterioration – possible

Track 45
post closing trial balance – price earnings ratio

Track 46
principles of accounting – profit and loss account

Track 47
projected unit credit method – prudence

Track 48
qualified opinion – realizable (revenue)

Track 49
reasonable assurance – release a reserve

Track 50
remittance – reserves

Track 51
restatement – revenues

Track 52
royalty – scope limitation

Track 53
security – settlement

Track 54
shareholders' (stockholders') equity – specific identification

Track 55
standards of auditing – stock option

Track 56
stock split – sufficient

Track 57
supervisory board – tax base of an asset or liability

Track 58
tax consultants – temporary accounts

Track 59
temporary differences – trace

Track 60
trading securities – underlying

Track 61
unfunded – valuation reserve

Track 62
variable costs – warrants

Track 63
weighted/moving average cost – write up